INEFABLE

Conociendo a **Dios** y su inexplicable **amor**

JULIANA ABIGAIL MUÑOZ

MUÑOZ, JULIANA ABIGAIL
   INEFABLE : CONOCIENDO A DIOS Y SU
INEXPLICABLE AMOR / JULIANA ABIGAIL
MUÑOZ. - 1A ED - BAHÍA BLANCA : ORACIÓN
PUBLICACIONES, 2024.
   142 P. ; 15 X 21 CM.

   ISBN 978-631-00-5595-4

   1. CRISTIANISMO. I. TÍTULO.
CDD 248.4

Escritora:Juliana Abigail Muñoz
Correctora: Ruth Tamara Culzoni
Editor: Martínez Méndez, Javier Ricardo

Si desea enviar comentarios o sugerencias
para mejorar este libro, puede hacerlo a:
https://www.oracionpublicaciones.com/

Juli escribió este libro, pero no son las palabras que ella eligió, sino lo que ella escribió lo que no podés dejar pasar. No te pierdas la oportunidad de ser transformado. No caigas en la tentación de pensar que ya lo conocés.

Si este libro llegó a tus manos, si te lo regalaron, si lo compraste porque conocés a Juli, si te gustó el nombre o la contratapa, si no tenés idea de por qué o cómo te encontrás hoy y ahora leyendo este libro, disponé tu corazón a que algo poderoso explote en tu interior, porque te puedo asegurar que nadie vuelve a ser el mismo después de conocer el amor de Dios o, en otras palabras, a Dios siendo Amor.

Tal vez ya lo conozcas, tal vez hayas escuchado hablar de Él, tal vez no tengas idea de qué se trata esto del amor de Dios. Como bien dice el título que Juli eligió para este libro, el amor de Dios es *Inefable*, es decir, es imposible de describir o definir; está diseñado para conocerse, para vivirse, y estas páginas sirven como un mapa para recorrer el amor de Dios a través de su Palabra. Con palabras simples, imágenes claras y, sobre todo, con una profunda revelación y convicción del poder transformador del amor de Dios en la vida de las personas, Juli nos propone un encuentro diario en el que vamos a conocer algunas de las formas en que Dios nos acerca su amor.

Te animo a que dispongas tu corazón, tu espíritu y tu mente. Pensá cuántas veces creíste haber encontrado el amor, cuántas veces dejaste de creer en él. Esta es una oportunidad maravillosa de encontrarte con el *amor* en esencia, con Dios siendo Amor, con Él amándonos, sin deudas, sin condiciones, sin explicaciones.

Su amor es distinto a todo lo que existe, a todo lo creado; no hay milagro, experiencia, vínculo o proyecto que pueda sustituir la experiencia de encontrarnos con el amor de Dios. Por eso, este libro es tan poderoso.

Finalizo estas palabras orando por tu vida, y pidiéndole a Dios que cuando termines de leer este libro tengas la seguridad en tu corazón, como la tiene Juli, de que no importa a dónde vayas, cuán lejos estés, el amor de Dios siempre es el lugar seguro al cual volver.

Melisa Muñoz,
Trabajadora Social

Inefable. Esta palabra es una de mis favoritas, porque creo que no hay una que pueda definir el amor de Dios, e *inefable* significa: "algo tan increíble y maravilloso que no puede ser explicado con palabras".

Cuando surgió en mi corazón el anhelo de escribir un libro de devocionales sobre el amor de Dios, no hubo otro nombre posible en mi cabeza. ¿Cómo podría explicar en su totalidad la grandeza y la maravilla de su amor? Es imposible. Aun escribiendo esta cantidad de reflexiones, siguen siendo insuficientes para poder definirlo. Así como el mundo no podría contener la cantidad de libros que serían escritos si se escribiera todo lo que Jesús hizo, tampoco sería suficiente para contener la cantidad de libros que se podrían escribir sobre el amor de Dios y todo lo que significa.

Inefable es un libro escrito en forma de proceso. ¿Qué quiere decir? Cada capítulo tiene quince devocionales referidos a una característica del amor de Dios. ¿Por qué? Cuando Dios puso esto en mi corazón, me llevó a entender que Él trabaja por medio de procesos con nosotros; lo vemos desde el Génesis, cuando podría haber creado la Tierra en un segundo, sin embargo, lo hizo a lo largo de siete días. Entonces vamos a ver quince días de cada característica del amor de Dios, para poder caminar en este proceso junto con el Espíritu Santo, y así conocerlo más. De esta manera, también vamos a darle tiempo a nuestro corazón de asimilar y realmente recibir aquello que Dios nos está queriendo enseñar.

Anhelo de todo corazón que estos próximos meses leyendo estas páginas, el amor de Dios en cada una de sus facetas te sea revelado y manifestado en cada detalle de tu vida. No solo para que vos lo puedas vivir y disfrutar; sino para que, al

INTRODUCCIÓN

conocerlo aún más, puedas darlo a conocer a Él cada día con más osadía, valentía, pasión e intensidad.

Si me permitís una sugerencia, te recomiendo leer cada devocional con lápiz y resaltador en mano, para poder marcarlo, escribirlo, y dejar registro de lo que sea que el Señor te pueda hablar. No por lo que yo haya escrito, sino porque es su Palabra la que es viva y eficaz, y se revela constantemente.

Oro para que el amor de Papá sea cada día más y más cercano a vos. ¡Su amor inefable te abraza!

AMOR QUE ESCUCHA

PARTE 1

DÍA 1
¡EN EL CIELO NOS ESCUCHAN!

ENTONCES DIJO: NO TENGAS MIEDO, DANIEL. DESDE EL PRIMER DÍA QUE COMENZASTE A ORAR PARA RECIBIR ENTENDIMIENTO Y A HUMILLARTE DELANTE DE TU DIOS, TU PETICIÓN FUE ESCUCHADA EN EL CIELO. HE VENIDO EN RESPUESTA A TU ORACIÓN.
–DANIEL 10:12

Desde el primer día, sí, leíste bien, desde el primer día tu oración fue escuchada. A veces tenemos la sensación de que oramos y nuestras oraciones no pasan del techo. Sentimos que no hay nadie escuchando del otro lado, pensamos que ya nos estamos volviendo locos y por eso hablamos solos. Al parecer, lo único que podemos escuchar de este lado es silencio sepulcral, de esos que asustan.

Estos próximos quince días se van a tratar de esto, de entender que realmente somos escuchados en el cielo, de que podemos tener la absoluta y certera confianza de que cada una de nuestras oraciones está llegando directo al corazón del Padre. Vamos a pasar un proceso en el cual derribaremos cada una de las mentiras que le creímos al enemigo, y vamos a levantar columnas hechas de la verdad de Dios, la verdad que permanece, que no muda, y que nos sostiene.

¿Por qué será que el enemigo trabajó tanto en nosotros para que creamos que no somos escuchados? Simple: un hijo de Dios que siente que no es escuchado en el cielo, no ora. Un hijo que no cree que su papá lo está escuchando, no le habla, no lo busca; perdura, tal vez, por un tiempo en un intento desesperado de ser escuchado, pero cuando finalmente es convencido de que no hay nadie prestándole atención, cesan las oraciones, el clamor, y de a poco se apaga la fe. Le pido a Dios que, en estos próximos días, se desarrolle en vos una fe firme, fuerte, sólida, afirmada en la verdad.

"Yo soy la verdad", dijo Jesús.

PARA PENSAR. ¿ESTÁS CONVENCIDO REALMENTE DE QUE TUS ORACIONES SON ESCUCHADAS? ¿ORÁS CON LA PLENA CONVICCIÓN DE QUE NUESTRO PAPÁ TE ESTÁ ESCUCHANDO? ¿ORÁS CON LA FE SUFICIENTE PARA CREER QUE LA RESPUESTA VIENE EN CAMINO? ¿O LA DUDA TE GANA EN EL PROCESO DE ESPERA?

NOTAS

DÍA 2
ÉL OYE MIS RUEGOS

BENDITO SEA JEHOVÁ, QUE OYÓ LA VOZ DE MIS RUEGOS
—SALMO 28:6 RVR60

Si existiera alguna especie de récords Guinness cristiano, diríamos que David se llevaría el récord de la oración. De los personajes que encontramos en la Biblia, creo que él es quien más nos muestra acerca de una relación de profunda intimidad con Dios; los salmos reflejan una vida de oración y adoración constante. Así que podemos suponer tranquilamente que algo sabía el rey David sobre ser escuchado por Dios.

No sé en qué momento del día estarás leyendo esto, pero sea en el momento que estés, quiero proponerte algo: que hoy te tomes un tiempo para hablar con Jesús, apagando distracciones, tal vez poniendo en modo avión el celular, o simplemente tirándote en el pasto a mirar el cielo. Que en ese tiempo que te tomes con Él, puedas hablarle desde lo más profundo de tu corazón, con una real y verdadera consciencia de que Él te está escuchando. ¿Será que es posible orar sin estar plenamente conscientes de esto? Claro que sí, creo que un gran porcentaje de nuestras oraciones las hacemos sin una genuina convicción de que estamos siendo escuchados por Dios.

En lo personal, a veces soy muy distraída para orar. Mi cabeza vuela, va hacia los lugares más recónditos de la Tierra, de repente vuelvo y ni me acuerdo por qué parte de la oración iba. Realmente me pasa esto y creo que no estoy sola en el mundo respecto a esta pequeña dificultad para concentrarme. Pero algo cambia, algo es diferente cuando me dedico a tener mi tiempo con Jesús siendo plenamente consciente de que está ahí escuchándome. No digo que dejo de distraerme mágicamente, pero sí mi corazón puede percibirlo cerca de mí. Amo imaginarlo sentado a mi lado, escuchándome atentamente.

Jesús escucha tus ruegos, presentate con confianza ante Él y disfrutá de su atención.

PARA PENSAR. ¿CUÁNTAS VECES ORAMOS SIN REALMENTE ENTENDER QUE EL DIOS CREADOR DE TODAS LAS COSAS NOS ESTÁ ESCUCHANDO? ¿CUÁNTAS VECES ORAMOS SIN PARAR A PENSAR QUE JESÚS ESTÁ SENTADO AHÍ MISMO PARA ESCUCHAR LO QUE TENEMOS PARA DECIR? ¿CÓMO HABLARÍAS CON DIOS SI LO PUDIERAS TENER CARA A CARA?

DÍA 3
¡ESCUCHA MI ORACIÓN! I

CUANDO OÍ ESTO, ME SENTÉ A LLORAR. DE HECHO, DURANTE VARIOS DÍAS ESTUVE DE DUELO, AYUNÉ Y ORÉ AL DIOS DEL CIELO, Y DIJE: "OH SEÑOR, DIOS DEL CIELO, DIOS GRANDE Y TEMIBLE QUE CUMPLES TU PACTO DE AMOR INAGOTABLE CON LOS QUE TE AMAN Y OBEDECEN TUS MANDATOS, ¡ESCUCHA MI ORACIÓN! MÍRAME Y VERÁS QUE ORO DÍA Y NOCHE POR TU PUEBLO ISRAEL. CONFIESO QUE HEMOS PECADO CONTRA TI. ¡ES CIERTO, INCLUSO MI PROPIA FAMILIA Y YO HEMOS PECADO!".
–NEHEMÍAS 1:4-6

Dios nos escucha y eso es algo que poco a poco vamos entendiendo con mayor profundidad, es una verdad hermosa. La pregunta es: ¿qué vamos a hacer con esta verdad? Nehemías supo bien qué hacer; él estaba cómodo en el palacio, un lugar de confort y bienestar, grandes beneficios y un puesto importante de trabajo. Sin embargo, cuando la noticia de la destrucción de su pueblo llegó a él, se sentó a llorar. Todo lo que estaba bien en su vida no fue suficiente para consolar su corazón, el dolor atravesó su alma y lo llevó a levantar un clamor: ¡escucha mi oración!

La oración es una herramienta poderosa en nuestras manos, no solo para que nuestras vidas sean más pasajeras y livianas, sino para intervenir en la vida de otros por medio de la oración. La Palabra dice que Dios amó tanto al mundo, que dio a su único hijo para traernos salvación. Si estás leyendo este libro es porque alguna vez escuchaste de esta verdad, pero hay un mundo que aún no la conoce y la está necesitando con urgencia. Nehemías oró; sabía que, como parte del pueblo de Israel –el pueblo de Dios–, tenía derecho a pedirle al Señor que lo escuchara. El mundo está necesitando que vos y yo nos levantemos como Nehemías, e intercedamos y le pidamos que escuche nuestra oración. Él nos ama, ama al mundo y está esperando que nos levantemos a favor de Él.

Que nuestras oraciones sean a favor de quienes no tienen voz.

PARA PENSAR. ¿DE QUÉ SE TRATAN TUS ORACIONES? ¿SON SOLO A TU FAVOR, SOBRE TUS PROPIOS CONFLICTOS Y NADA MÁS? ¿O DEDICÁS PARTE DE TU TIEMPO DE ORACIÓN A INTERCEDER POR AQUELLOS QUE NECESITAN LA INTERVENCIÓN DE JESÚS EN SUS VIDAS?

DÍA 4
¡ESCUCHA MI ORACIÓN! II

CUANDO OÍ ESTO, ME SENTÉ A LLORAR. DE HECHO, DURANTE VARIOS DÍAS ESTUVE DE DUELO, AYUNÉ Y ORÉ AL DIOS DEL CIELO, Y DIJE: "OH SEÑOR, DIOS DEL CIELO, DIOS GRANDE Y TEMIBLE QUE CUMPLES TU PACTO DE AMOR INAGOTABLE CON LOS QUE TE AMAN Y OBEDECEN TUS MANDATOS, ¡ESCUCHA MI ORACIÓN! MÍRAME Y VERÁS QUE ORO DÍA Y NOCHE POR TU PUEBLO ISRAEL. CONFIESO QUE HEMOS PECADO CONTRA TI. ¡ES CIERTO, INCLUSO MI PROPIA FAMILIA Y YO HEMOS PECADO!".
–NEHEMÍAS 1:4-6

Quiero seguir profundizando un poco más en este pasaje y todo lo que implica. ¿Qué tiene que ver el amor de Dios sobre nuestras vidas con interceder por otros? Dejame decirte que tiene muchísimo que ver. A medida que vamos entendiendo cuán amados somos, cuán profundamente nos anhela el corazón de Dios, empezamos a realmente discernir lo que significa la palabra *amor*. Sabernos amados por Dios nos habilita a amar; nos da la posibilidad de tener un corazón misericordioso, porque fuimos los primeros en recibir misericordia. En cuanto el amor de Dios comienza a llenarnos, es imposible que no comience a rebalsar y alcanzar a quienes nos rodean. La revelación del amor de Dios moldea nuestro corazón conforme al suyo y lo prepara para ser su reflejo.

Vos y yo tenemos el privilegio de habernos encontrado con este amor inmensurable, amor que nos escucha. Sin embargo, allá afuera de nuestro pequeño mundo feliz, hay muchos que aún no conocen la maravilla de este amor y están necesitando que vos y yo nos movamos a favor de ellos.

Hoy te propongo pensar en aquellos más cercanos que aún no conocen a Jesús; pensemos en aquellos que están necesitando volver a casa y reencontrarse con Papá, también pensemos en aquellos que están necesitando restauración, sanidad, un milagro.

Hoy oremos a favor de ellos, el Dios del cielo nos está escuchando.

PARA PENSAR. CUANDO LE DECIMOS A ALGUIEN QUE VAMOS A ESTAR ORANDO, ¿LO HACEMOS REALMENTE? ¿ESTÁS DISPUESTO A ASUMIR UN COMPROMISO DE ORACIÓN POR QUIENES LO NECESITAN? ¿ESTÁS DISPUESTO A QUE DIOS RESPONDA PRIMERAMENTE LAS NECESIDADES DE OTROS ANTES QUE LAS TUYAS, Y AUN ASÍ SEGUIR INTERCEDIENDO POR ELLOS?

DÍA 5
PODEMOS PEDIR, ¡VAMOS A SER ESCUCHADOS!

Y ESTAMOS SEGUROS DE QUE ÉL NOS OYE CADA VEZ QUE LE PEDIMOS ALGO QUE LE AGRADA; Y COMO SABEMOS QUE ÉL NOS OYE CUANDO LE HACEMOS NUESTRAS PETICIONES, TAMBIÉN SABEMOS QUE NOS DARÁ LO QUE LE PEDIMOS.
—1 JUAN 5:14-15 RVR60

No sé si alguna vez te pusiste a pensar en que la iglesia en el Nuevo Testamento vivía cosas mucho más emocionantes de las que pasan en nuestras congregaciones hoy en día. La gente se sanaba, los demonios eran expulsados, hasta la esquizofrenia retrocedía. ¿Qué fue lo que ellos entendieron y nosotros aún no captamos muy bien?

Ellos estaban *seguros* de que Dios los oía siempre que pedían algo que agradaba su corazón. Estar seguros de que somos escuchados por Él activa algo en el mundo espiritual, abre puertas, nos habilita para recibir lo que pedimos. Tener esa certeza nos lleva a un nuevo nivel de oración, hay convicción en nuestras palabras, hay firmeza en nuestro tono de voz, hay autoridad en lo que decimos: el cielo nos está escuchando y el infierno también.

Cuando no estamos seguros de que Dios nos está escuchando, nuestras oraciones están cargadas de dudas, reflejan la inestabilidad de nuestra fe (¿qué fe vamos a tener si ni siquiera estamos seguros de estar siendo escuchados?), y no le generan ni un poco de cosquillas al enemigo. Pero cuando entendemos que somos escuchados porque primeramente somos *amados*, algo comienza a cambiar. La clave para entender esta verdad, es saber cuán amados somos por Dios, tanto así que se detiene a escuchar cada palabra que le decimos.

Dios no te escucha porque no le queda otra opción, Él te escucha porque te ama, porque le importa lo que tenés para decirle y anhela oír oraciones que transformen atmósferas.

Hay un Dios "ansioso" esperando escuchar hijos que saben que su Papá los oye.

PARA PENSAR. ¿QUERÉS VIVIR LO QUE LA BIBLIA NOS CUENTA QUE VIVÍAN LOS SEGUIDORES DE JESÚS? ¿CREÉS QUE LO QUE LA PALABRA NOS CUENTA PUEDE SER POSIBLE HOY EN DÍA? ¿ESTÁS CONVENCIDO DEL PODER DE LA ORACIÓN ANTE UN DIOS QUE ESCUCHA Y RESPONDE?

NOTAS

DÍA 6
DESAHOGÁNDONOS DELANTE DEL SEÑOR

NO, SEÑOR MÍO; NO ESTOY EBRIA. NO HE BEBIDO VINO NI SIDRA. LO QUE PASA ES QUE ESTOY MUY DESANIMADA, Y VINE A DESAHOGARME DELANTE DEL SEÑOR. NO PIENSES QUE TU SIERVA ES UNA MUJER IMPÍA. ES TAN GRANDE MI CONGOJA Y MI AFLICCIÓN, QUE HASTA AHORA HE ESTADO HABLANDO.
—1 SAMUEL 1:15-16 RVC

Estas son las palabras de Ana, una mujer desanimada y angustiada. Era la mujer de Elcana, quien tenía como mujer también a Penina. La Biblia nos cuenta que Dios no le había concedido a Ana tener hijos, pero a Penina sí. En lugar de obrar con misericordia, Penina aprovechaba cuanta ocasión encontraba para mortificar a Ana en su herida más difícil: su infertilidad.

Tratemos de ponernos en el lugar de Ana; en ese tiempo no había tratamientos, ni ningún tipo de ayuda extra que pudiera solucionar su situación. Tras lidiar con la dificultad de no poder tener hijos, de no poder experimentar el más bello milagro y sentirse un despropósito (en esa época, lo mejor que una mujer podía darle a un hombre era descendencia), tenía que soportar las burlas de Penina por su condición. Ana no aguanta más y decide irse al templo a volcar su corazón delante de su Señor. Ella sabía que Él la estaba escuchando, sabía que en Él podía encontrar un lugar seguro donde desahogarse.

Dios está atento a tu clamor, a tu dolor y está dispuesto a callar a los ángeles para escucharte delante de su presencia. Pocas cosas son tan difíciles como sentirnos en el medio del huracán y sentir que a nadie le interesa parar a escucharnos, esto empeora todas las cosas. Pero entender que somos escuchados y atendidos por un Dios amoroso mejora todas las cosas. Tenemos lugar delante de Él para derramar nuestro corazón, y es el mejor lugar.

No dudes en desahogarte con Él, su oído está atento a vos.

PARA PENSAR. ¿A QUIÉN BUSCÁS CUANDO NO DAS MÁS? ¿A DÓNDE CORRÉS CUANDO TODO SE COMPLICA? ¿A QUÉ RECURRÍS CUANDO SE ACABAN TUS FUERZAS? ¿ES DIOS TU PRIMERA OPCIÓN O HAY OTRA PERSONA OCUPANDO SU LUGAR?

DÍA 7
SAMUEL, ESCUCHADO POR DIOS

POR LA MAÑANA, ADORARON DELANTE DEL SEÑOR Y REGRESARON TODOS A SU CASA EN RAMÁ. ALLÍ, ELCANA TUVO RELACIONES CON ANA, Y EL SEÑOR SE ACORDÓ DE LO QUE ELLA LE HABÍA PEDIDO. ANA QUEDÓ EMBARAZADA Y, CUANDO SE CUMPLIÓ EL TIEMPO, DIO A LUZ UN HIJO, AL QUE LE PUSO POR NOMBRE SAMUEL, PUES DIJO: YO SE LO PEDÍ AL SEÑOR.
—1 SAMUEL 1:19-20 RVC

Ana sabía que era escuchada por Dios, por eso ayer leímos cómo fue con confianza a derramarle su corazón. Hoy quiero reafirmar esta característica del amor del Padre.

Samuel fue la respuesta a su clamor, pero no es en la respuesta en sí sobre lo que quiero hacer énfasis. ¿Sabés qué significa Samuel? *Escuchado por Dios*. Ana supo encontrar refugio en su Señor, ella entendió que su Señor realmente la amaba y por eso la estaba escuchando. Ana entendió que, si alguien iba a ser capaz de escuchar su dolor, más allá de las palabras, yendo bien profundo al corazón, ese era su Señor.

Hoy puedo sentir al Señor diciéndonos que Él está dispuesto a escuchar nuestro dolor, Él simplemente está esperando ese momento en que vengamos delante de su presencia a derramar nuestro corazón tal como está. Él no va a venir con palabras como "estás exagerando", "no es para tanto", "algo habrás hecho para que esto pasara". No sé si te ha pasado que intentaste compartirle a alguien tu dolor y el resultado fue diez veces peor. Terminaste más angustiado, con una mochila más pesada y sin resolver nada. Recibiste palabras que para nada necesitabas escuchar y ni una sola que pudiera darte un poco de consuelo. Algo parecido a la actitud de Elí con Ana unos versículos antes. El Señor conoce tu corazón, sin duda, si elegís su presencia vas a ser escuchado y amado en su silencio.

Él te está esperando, en silencio y lleno de amor por vos.

PARA PENSAR. ¿ALGUNA VEZ TE SENTISTE COMO ANA ANTE LA ACTITUD DE ALGUIEN COMO ELÍ? ¿ALGUNA VEZ TUS EMOCIONES FUERON MENOSPRECIADAS POR OTROS? ¿QUÉ PENSAMIENTOS HOY NECESITÁS DEJAR IR PARA ABRAZAR LA VERDAD DE QUE SOS AMADO Y ESCUCHADO?

DÍA 8
ÉL OYE MI VOZ

El ángel de Jehová se le había presentado a la mujer de Manoa (quien era estéril), diciéndole que iba a concebir un hijo que salvaría a Israel de los filisteos. Cuando la mujer le cuenta esto a su marido, Manoa le pide al Señor que aparezca nuevamente, ¿y saben qué? Dios escuchó su voz.

Manoa quería preguntarle cómo deberían cuidar y criar al hijo que vendría, el Señor sin duda sabía la inquietud que había en su corazón y llegó en respuesta a él. Así como Daniel (Daniel 10:12), Manoa necesitaba entendimiento. Hay algo que moviliza profundamente el corazón de Dios: un corazón humillado buscando su dirección.

Él te conoce, Él sabe cuánto anhelás que te direccione, que guie tus pasos y te muestre por dónde seguir. Cada una de tus oraciones fue, es y será escuchada por Jesús, no te desesperes. La respuesta puede que tarde un poco más, puede que Él esté guardando silencio, y puede que sea difícil vislumbrar alguna contestación en medio de tantas preguntas.

Que tu confianza esté puesta no en la respuesta, sino en el Dios que las da. Que la fortaleza de nuestro corazón no sean las oraciones respondidas, sino el Dios que las responde. Que nuestra paz no dependa de su respuesta, sino de saber que somos escuchados por el Señor y eso es suficiente para saber que Él está al control. Ahora depende de Él, estate quieto, Él es Dios.

Descansá, Él escucha tu voz, Él conoce tu corazón.

PARA PENSAR. ¿EN DÓNDE ESTÁ PUESTA TU CONFIANZA? ¿EN LO QUE PODÉS HACER POR TU PROPIA SABIDURÍA? ¿EN LA RESPUESTA QUE ESTÁS ESPERANDO DE PARTE DE DIOS? ¿O EN EL DIOS EN EL CUÁL ESTÁS BUSCANDO ESA RESPUESTA?

DÍA 9
EN LAS PEORES CONDICIONES

ENTONCES SANSÓN ORÓ AL SEÑOR: "SEÑOR SOBERANO, ACUÉRDATE DE MÍ OTRA VEZ. OH DIOS, TE RUEGO QUE ME FORTALEZCAS SOLO UNA VEZ MÁS. CON UN SOLO GOLPE, DÉJAME VENGARME DE LOS FILISTEOS POR LA PÉRDIDA DE MIS DOS OJOS".
—JUECES 16:28

Muchas veces escuché personas diciendo que Dios ya no quería escucharlas de tanto que se habían equivocado, creyendo realmente que Jesús ya no tenía gracia que alcanzara para ellos, y por eso ya ni siquiera pretendían acercarse a Él. Para ellos, el rechazo y los oídos sordos de su parte estaban garantizados. ¿Cómo Dios escucharía a alguien tan pecador como yo? Sí, yo también llegué a sentirme así. Pero Sansón, en Jueces 16, nos muestra otra versión de Dios, nos muestra a uno que nos escucha aun en las peores condiciones.

Sansón tenía una gracia especial de parte de Dios, él era el hijo dado a la mujer estéril y a Manoa, enviado para salvar a Israel. El Señor hizo pacto con él desde su nacimiento, fue consagrado nazareo desde que fue dado a luz. Pero conoció a Dalila y la historia no terminó bien. Ella fue su debilidad, logró sacar de él su tesoro más preciado y todo lo que Sansón tenía con Dios se perdió.

A veces nos sentimos como Sansón, hay una Dalila en nuestra vida que nos debilita, que nos llevó a un punto al que jamás habríamos deseado llegar. ¿Pero sabés qué? Dios escuchó a Sansón, aun en las peores condiciones y no será diferente con vos. Nada de lo que puedas hacer va a conseguir que Dios deje de amarte; por ende, como señal de su amor, jamás va a dejar de escucharte. Aun en los peores momentos, aun en ese punto donde creés que no hay retorno, ahí está Él, dispuesto a escucharte, porque sos amado y nada puede cambiar esa realidad.

No hay nada que nos pueda separar del amor de Dios, ni siquiera las peores condiciones.

PARA PENSAR. ¿CREÍSTE ALGUNA VEZ QUE YA ERA DEMASIADO TARDE PARA BUSCAR A DIOS? ¿CONOCÉS A ALGUIEN QUE HOY NECESITA SABER QUE DIOS ESTÁ DISPUESTO A ESCUCHAR SU CORAZÓN ARREPENTIDO? ¿EL DIOS QUE REFLEJÁS SE PARECE A AQUEL QUE SE OFENDE Y NO ESCUCHA O A AQUEL QUE ESCUCHA Y PERDONA?

DÍA 10
ÉL ANHELA ESCUCHARNOS

SABES LO QUE VOY A DECIR INCLUSO ANTES DE QUE LO DIGA, SEÑOR
–SALMO 139:4

¿Nunca te surgió la duda sobre qué sentido tenía orar si Dios ya sabe todo lo que le vamos a decir? Fuimos hechos a imagen y semejanza de Él, ¿verdad? Ahí está la respuesta. El ser humano es social, relacional, ¿de quién será que heredamos esto? ¡De Dios Padre, el Hijo y el Espíritu Santo! Hermosa Trinidad que nos muestra el amor como el vínculo perfecto. Cuando Jesús vino a la Tierra no dejó de ser uno con el Padre, aun así, no dejaba de tener comunión con Él. Fue como resultado de esa profunda comunión que Jesús hizo todo lo que hizo. Dijo que Él hacía lo que veía hacer al Padre; sin duda había una fuerte relación entre ellos y por eso le pidió que nos ayudara a ser uno entre nosotros, así como ellos son uno. ¡Para que también seamos uno con Él!

Él ya sabe lo que le vas a decir, sí, pero no te das una idea de cuánto disfruta escucharte. Papá nos ama, sabemos de eso (o creemos saber de eso), pero será que entendemos cuán profundo es su amor que aun cuando sabe todo lo que vamos a decir, nos quiere escuchar igual. Es como cuando una hija viene a mostrarle a su papá su número de baile por centésima vez; él ya lo sabe de memoria, ya lo vio 99 veces. Aun así, ese papá se deleita en ver a su princesa bailando una vez más, aunque sea la centésima vez. ¿Por qué? Porque la ama. Así como vos y yo somos amados por Dios. Él no se cansa de escucharnos, incluso cuando pasamos por esos momentos en que nuestras oraciones son monotemáticas.

La oración no tiene que ser una tarea a cumplir, es el privilegio de relacionarnos con un Dios que ama escucharnos, que ama ser parte de nuestra vida y disfruta cada segundo de ella.

Él está esperando ansioso ese momento del día donde el cielo se calla solo para escucharte.

PARA PENSAR. ¿PODÉS IMAGINAR A JESÚS SONRIENDO MIENTRAS TE ESCUCHA? ¿PODÉS IMAGINAR LA ALEGRÍA DE PAPÁ AL ESCUCHARTE HABLAR DE LO QUE TANTO TE ALEGRA? ¿Y SU DOLOR CUANDO ALGO TE AGOBIA? ¿NO ES MARAVILLOSO DARNOS CUENTA DE QUE A DIOS LE IMPORTA LO QUE TENEMOS PARA DECIRLE A PESAR DE YA SABERLO?

DÍA 11
EL SEÑOR ESTÁ AL TANTO DE NUESTRAS TRISTEZAS

LUEGO EL SEÑOR LE DIJO: CIERTAMENTE HE VISTO LA OPRESIÓN QUE SUFRE MI PUEBLO EN EGIPTO. HE OÍDO SUS GRITOS DE ANGUSTIA A CAUSA DE LA CRUELDAD DE SUS CAPATACES. ESTOY AL TANTO DE SUS SUFRIMIENTOS. —ÉXODO 3:7

Hay momentos en nuestra vida en que lo único posible de sentir es soledad abrumadora, abandono desgarrador y dolor indecible. Hay situaciones de nuestra historia que fueron tan dolorosas que se hace sumamente difícil pensar que Dios estaba. ¿Cómo es que si estaba ahí pudo pasarnos semejante cosa? ¿No podría haberlo impedido? ¿No habría sido menos doloroso que eso no pasara?

Son preguntas que yo no puedo responder, y probablemente nadie pueda. Son preguntas que seguramente el pueblo de Israel se debe haber hecho en medio de todo su sufrimiento como esclavos de Egipto. La historia les contaba que eran el pueblo amado de Dios, pero su realidad poco tenía que ver con lo que sus antepasados les habían trasmitido.

Sos amado, independientemente de las preguntas sin responder, sos amado. Sí, ya sé que lo repetí, quiero que quede bien claro que sos amado. Ahí lo repetí de nuevo, es que es sumamente importante que lo sepas, que lo creas. Me encantaría poder responder estas preguntas, pero ni siquiera pude responder las mías propias. Aunque hay una cosa que sí puedo hacer: hacerte saber que Dios escuchó tus gritos de angustia, que Él está al tanto de tus sufrimientos. Y así como en ese momento estaba llamando a Moisés para liberar a su pueblo de ese dolor, Jesús respondió el mismo llamado de liberar a los suyos hace dos mil años atrás. La diferencia es que la libertad que Él vino a ofrecernos es eterna. Sea lo que sea que hayas vivido, el Señor escuchó tu dolor y tiene una respuesta para darte: Jesús.

No tenemos las respuestas, ¡tenemos *la respuesta*!

PARA PENSAR. ¿TENÉS PREGUNTAS SIN RESPONDER? TOMATE TU TIEMPO PARA PENSAR, Y RESPONDÉ ASÍ: "YO NO SÉ, PERO DIOS SABE". JESÚS ES LA RESPUESTA.

DÍA 12
SUS OÍDOS ESTÁN ABIERTOS PARA OÍRNOS

LOS OJOS DEL SEÑOR ESTÁN SOBRE LOS QUE HACEN LO BUENO, Y SUS OÍDOS ESTÁN ABIERTOS A SUS ORACIONES
-1 PEDRO 3:12

¿Será que Dios escucha solo a los hijos buenos? Él sabe bien quiénes somos, Él sabe bien cómo somos. Si alguien conoce nuestro corazón y nuestros pensamientos, es el Señor. ¿Será que Él no sabe que vamos a pecar y que muchas veces no vamos a hacer lo que es bueno? Esto reduciría la lista de oraciones a escuchar notablemente. ¿Será un filtro? Nada de eso.

ASÍ ESTÁ ESCRITO: "NO HAY UN SOLO JUSTO, NI SIQUIERA UNO; NO HAY NADIE QUE ENTIENDA, NADIE QUE BUSQUE A DIOS. TODOS SE HAN DESCARRIADO, A UNA SE HAN CORROMPIDO. NO HAY NADIE QUE HAGA LO BUENO; ¡NO HAY UNO SOLO!".
–ROMANOS 3:10-12 NVI

Hacer lo bueno delante de Dios no es una cuestión de meros esfuerzos personales, se trata de tener una relación diaria con Jesús. Lo bueno que pueda salir de nosotros es simplemente resultado de una vida de intimidad con Él. David fue llamado: "varón conforme al corazón de Dios", ¿pero no pecó con Betsabé y después mandó a matar a su esposo? Sí. Sin embargo, hay algo que el rey de Israel entendió: el arrepentimiento.

Arrepentirse significa "cambiar de mentalidad"; sentirse culpables es sentir el peso del error que cometimos, pero eso no significa que haya un cambio. Estamos tan concentrados en el peso, que difícilmente hay lugar para otra cosa. ¿A qué voy con todo esto? Sos amado por Dios, amado infinitamente. Tanto que Jesús dio su vida por amor a vos, para que solo baste arrepentirte de todo corazón y así recibir su perdón. Caminando en ese amor, podremos hacer lo bueno delante de Dios, a pesar de equivocarnos. Y así, tener garantía eterna de que sus oídos están abiertos a nosotros. Nada te puede robar ese privilegio.

Sus ojos están puestos sobre vos y sus oídos abiertos a tus oraciones.

PARA PENSAR. ¿PASÁS MUCHO TIEMPO INTENTANDO HACER LO BUENO POR TU PROPIA CUENTA? ¿PENSASTE ALGUNA VEZ QUE PAPÁ NO QUISO ESCUCHARTE POR TUS ERRORES? ¿ENTENDÉS REALMENTE QUE FUISTE JUSTIFICADO POR JESÚS Y ESO TE HACE JUSTO, Y NO TUS OBRAS?

DÍA 13
ÉL ESCUCHÓ A JESÚS

JESÚS DIJO: 'PADRE, PERDÓNALOS, PORQUE NO SABEN LO QUE HACEN'. Y LOS SOLDADOS SORTEARON SU ROPA, TIRANDO LOS DADOS
-LUCAS 23:34

Situémonos en aquel momento; Jesús acababa de ser torturado sin ningún tipo de piedad, estaba siendo humillado de la peor manera, clavado en una cruz, cargando en Él el pecado de toda la humanidad, y todo esto sabiendo que era inocente. Tratemos de ponernos unos segundos bajo su piel, sintiendo semejante dolor, atravesando terrible agonía. ¿Qué pensamientos recorrerían su mente? ¿Se preguntaría por qué dejó el trono? ¿Se cuestionaría el estar pagando tan alto precio aun por aquellos que lo habían condenado? ¿Pensaría en tu pecado y en el mío, arrepintiéndose de estar pagando por Él? Al parecer, el amor de Jesús es mucho más grande de lo que podemos imaginar, es inmensurable, inefable.

En medio de ese profundo sufrimiento, Jesús tuvo las fuerzas para levantar una oración pidiendo perdón por quienes lo estaban crucificando. Siempre entendí que estaba pidiendo perdón por ellos, pero hoy mi mente va un poco más allá de sus palabras. Puedo imaginar a Jesús pensando en cada uno de nosotros, pensando en cada momento en que nos equivocamos, en ese momento en que erramos de la manera más grosera que era posible. Y allí Él levanta su oración: "Padre, perdónalos porque no saben lo que hacen".

Ahora imaginemos el corazón del Padre viendo a su hijo siendo castigado por los pecados del mundo, su único hijo cargando con el peso de la humanidad en su cuerpo. Lo imagino conteniéndose para bajarlo de esa cruz, el Padre sabía que era necesario pagar el precio para comprarnos a vos y a mí. Y en ese momento, escucha esa oración.

Mi mensaje para hoy es este: el Padre escuchó a Jesús, somos perdonados.

Su amor escuchó aquella oración.

PARA PENSAR. ¿YA AGRADECISTE HOY POR LA ORACIÓN DE JESÚS A TU FAVOR? ¿LAS ORACIONES QUE EL SEÑOR ESTÁ ESCUCHANDO ESTÁN CARGADAS DE QUEJAS O DE AGRADECIMIENTO? ¿DÓNDE ESTÁ PUESTA TU MIRADA?

DÍA 14
EL SEÑOR ESTÁ CERCA

EL SEÑOR ESTÁ CERCA DE TODOS LOS QUE LO INVOCAN, SÍ, DE TODOS LOS QUE LO INVOCAN DE VERDAD. ÉL CONCEDE LOS DESEOS DE LOS QUE LE TEMEN; OYE SUS GRITOS DE AUXILIO Y LOS RESCATA.
—SALMO 145:18-19

En mi familia acostumbramos a decir que el día que alguno se esté por morir, no vamos a llamar a mi hermana porque jamás atiende el teléfono. Probablemente para cuando ella atienda, ya estarías tocando el arpa con los querubines. Por el contrario, siempre que es necesario poner un número de contacto de emergencia en alguna planilla, el número que va ahí es el de mamá. Ella siempre atiende el teléfono y sabemos que, si algo pasa, el mundo se puede caer a pedazos, pero va a salir corriendo a socorrernos en lo que necesitemos.

Ninguna persona con un poco de lucidez llamaría en medio de una emergencia a alguien que sabe que jamás lee los mensajes ni atiende el teléfono, creo que todos llamaríamos a esa persona que suele tener siempre el teléfono en la mano, que sin duda nos va a atender rápidamente. ¿A dónde quiero ir con todo esto? A lo siguiente: si creemos que el Señor está demasiado ocupado como para atendernos, jamás vamos a recurrir a Él en medio de nuestras dificultades.

Conocí mucha gente que, en medio de sus problemas, al sugerirles que oren y le pidan a Dios lo que estaban necesitando, su respuesta fue: "Dios está demasiado ocupado con cosas más importantes, no lo voy a molestar por semejante tontería". Mientras sigamos creyendo esta mentira, el Señor jamás va a ser la primera —y única— respuesta a nuestros conflictos.

Hoy anhelo que puedas abrazarte a la certeza de que si orás, si lo invocás de todo corazón, Él está atento para escucharte y socorrerte. ¡Le importás mucho!

Tu oración sí es importante para Él.

PARA PENSAR. ¿QUÉ TAN DIFÍCIL ES ACEPTAR EL AMOR DE DIOS Y CREER QUE TE ESCUCHA AUN EN LOS MÁS MÍNIMOS DETALLES? ¿CREÉS QUE HAY RELACIONES PASADAS QUE AFECTAN LA MANERA EN QUE CREÉS SER VISTO POR DIOS? ¿QUÉ IDEAS NECESITÁS DEJAR MORIR PARA ABRAZAR LA VERDAD DE QUE SOS IMPORTANTE PARA DIOS HASTA EN LO MÁS SIMPLE?

DÍA 15
UNA PAZ QUE SUPERA TODO

NO SE PREOCUPEN POR NADA; EN CAMBIO, OREN POR TODO. DÍGANLE A DIOS LO QUE NECESITAN Y DENLE GRACIAS POR TODO LO QUE ÉL HA HECHO. ASÍ EXPERIMENTARÁN LA PAZ DE DIOS, QUE SUPERA TODO LO QUE PODEMOS ENTENDER. LA PAZ DE DIOS CUIDARÁ SU CORAZÓN Y SU MENTE MIENTRAS VIVAN EN CRISTO JESÚS.
—FILIPENSES 4:6-7

Al principio de estos quince días te conté mi anhelo de que realmente puedas tener convicción de que estás siendo escuchado por Dios. ¿Por qué es tan importante esta verdad? ¿Por qué es tan esencial saber que somos escuchados por nuestro Señor? Porque nos trae *paz*.

Este pasaje de Filipenses es uno de mis favoritos y creo que a veces recordamos más la parte de "la paz que supera todo lo que podemos entender", pero olvidamos cómo es que llegamos a recibirla. Comienza diciendo "así", lo que significa que el primer versículo nos da la respuesta a cómo es que llegamos a recibir esta preciosa paz. Esto es: "Oren por todo, díganle a Dios lo que necesitan". Simple como esto.

La oración no tiene un poder mágico en sí mismo, esto no quiere decir que hacer catarsis y hablar con verborragia delante de Dios es liberador. Lo que realmente nos inunda de esa paz maravillosa es saber que estamos orando a un Dios que es infinitamente amoroso, atento, que está pendiente de nuestras vidas y dispuesto a responder nuestras oraciones.

Somos escuchados por ese Dios creador de todas las cosas. Somos escuchados por el Dios de quien nadie se puede esconder; por ese que fue capaz de dar a su único hijo por amor a vos y a mí. ¿Cómo sería posible no salir llenos de paz después de dejar a sus pies todas nuestras cargas?

Que la paz de saberte escuchado por un Dios tan maravilloso te abrace, te dé descanso y la convicción de que Él está al control de todas las cosas.

No hay nada de qué temer, Él nos está escuchando.

PARA PENSAR. ¿EN QUÉ COSAS ESTÁS BUSCANDO PAZ? ¿EN QUIÉN ESTÁS INTENTANDO ENCONTRAR PAZ POR FUERA DEL SEÑOR? ¿EN QUÉ O QUIÉN DEPOSITÁS TU CONFIANZA? ¿DIOS ES REALMENTE SUFICIENTE PARA VOS?

AMOR QUE ACOMPAÑA

PARTE 2

DÍA 1
¡DONDEQUIERA QUE VAYAS!

MI MANDATO ES: '¡SÉ FUERTE Y VALIENTE! NO TENGAS MIEDO NI TE DESANIMES, PORQUE EL SEÑOR TU DIOS ESTÁ CONTIGO DONDEQUIERA QUE VAYAS'.
–JOSUÉ 1:9

Dios estaba llamando a Josué para un tremendo desafío: ser sucesor de un líder como Moisés traía consigo una carga bien pesada. ¿Se imaginan el miedo que Josué sentiría? ¿Cuántas preguntas abrumarían su mente? "¿Seré capaz? ¿Me seguirán? ¿Y si fracaso? No soy tan buen líder como Moisés, él tenía más experiencia".

Cuando Dios ve el rompecabezas de nuestra vida, ya lo ve completo, terminado, hermoso. Nosotros tan solo vemos un montón de piezas desordenadas que no tenemos idea de cómo empezar a ensamblar. En esas piezas hay sueños, proyectos, pasiones, anhelos, personas que marcaron nuestra vida, promesas, las cosas que vivimos, quienes somos hoy, quienes imaginamos ser en un futuro, y se supone que todo eso en algún momento va a encajar perfectamente (no tengo idea de cómo eso puede ser posible en mi vida, pero sostengo mi fe). Así se veía Josué probablemente, y Dios sabía de eso, Él conocía su corazón. Entonces decidió ofrecerle la única cosa que él necesitaba en ese momento: su fiel compañía. Pase lo que pase, el Señor estaría con él, suficiente para avanzar con confianza.

Saber que somos tan pero tan amados por Él, tanto así que prometió acompañarnos dondequiera que estemos, es maravilloso. Es en esta verdad que vamos a caminar estos próximos quince días, en la promesa de que Dios siempre va a estar a nuestro lado. Afirmar esta verdad en nuestro corazón va a ser suficiente para animarnos a enfrentar cualquier desafío por delante, al fin y al cabo, el Dios Todopoderoso está con nosotros. Abramos bien grande el corazón para ser llenos de un amor que nos acompaña en todo momento y en todo lugar.

¡Jamás vamos a estar solos!

PARA PENSAR. ¿HAS PASADO DIFICULTADES DONDE TE SENTISTE SOLO? TE DESAFÍO A RECORDAR ESOS MOMENTOS, E IMAGINAR A JESÚS A TU LADO EN CADA SITUACIÓN, Y PODER DECIRLE: "NO TE SENTÍA, PERO HOY SÉ QUE ESTUVISTE AHÍ. GRACIAS, JESÚS".

DÍA 2
SI NO VENÍS CON NOSOTROS...

ENTONCES MOISÉS DIJO: –SI TÚ MISMO NO VIENES CON NOSOTROS, NO NOS HAGAS SALIR DE ESTE LUGAR. ¿CÓMO SE SABRÁ QUE ME MIRAS CON AGRADO –A MÍ Y A TU PUEBLO– SI NO VIENES CON NOSOTROS? PUES TU PRESENCIA CON NOSOTROS ES LA QUE NOS SEPARA –A TU PUEBLO Y A MÍ– DE TODOS LOS DEMÁS PUEBLOS DE LA TIERRA.
–ÉXODO 33:15-16

Moisés entendió todo. No era el título de "pueblo escogido de Dios" el que los hacía diferentes, no eran las grandes historias de sus antepasados con el Señor lo que los hacía más importantes que otros, no eran sus buenas obras las que podían llegar a destacarlos de los demás pueblos de la tierra. Era la presencia de Dios con ellos la que hacía toda la diferencia.

Vos y yo tenemos un llamado, un propósito, tenemos dones preciosos con los que Dios nos equipó para cumplir nuestra tarea en este mundo; tenemos una tierra prometida por conquistar, así como la tenía el pueblo de Israel. El Señor nos envía, promete que sus ángeles van a estar a nuestro cuidado, pero paremos un poco acá. A Moisés esto no le alcanzó, él quería la presencia de Dios, quería su compañía.

A veces estamos tan emocionados con lo que Dios nos dijo, que corremos entusiasmados a tratar de alcanzar la promesa por cuenta propia y nos olvidamos de lo más importante: su presencia. La promesa de Dios sobre estar con nosotros no es un peso para Él, es su placer, es su deleite. ¡Para eso fuimos creados! Para caminar junto con Él, para disfrutar de la mutua compañía.

Que hoy sea un día en que podamos ser conscientes de su presencia con nosotros, honrarla con nuestra manera de andar, disfrutar de compartir con Él aun las pequeñas cosas, escuchar qué es lo que nos quiere decir y abrazarnos a su amor.

¡Su presencia hace que todo sea diferente!

PARA PENSAR. ¿EL RESPALDO DE QUIÉNES HAS BUSCADO? ¿LA COMPAÑÍA DE QUIÉNES HA SIDO INDISPENSABLE PARA PODER SEGUIR ADELANTE Y ANIMARTE A MÁS? ¿HAN SIDO MÁS IMPORTANTES OTRAS PERSONAS QUE LA MISMA PRESENCIA DE DIOS?

DÍA 3
ÉL MISMO VENDRÁ

Como ya leímos antes, Moisés había entendido la necesidad de que la presencia de Dios los acompañara. Ahora veamos lo que el Señor le dice…

Entre todos los inmensos beneficios de la presencia del Señor, hoy vamos a hablar de los dos que Él le promete a Moisés: "te daré descanso", y "todo te saldrá bien". Qué tremendo consuelo es saber que en su presencia vamos a tener descanso. Vivimos en un mundo lleno de exigencias, de apuros, de presiones, ¿quién no se cansa de vivir así? Hay respuesta para nuestro cansancio: el Señor está con nosotros.

En ese momento en que nuestra cabeza está por explotar, pensemos: "vos estás conmigo Papá, y eso me da descanso". En ese momento donde las presiones nos agobian y parece que están a punto de consumir todas nuestras fuerzas, volvamos a pensar: "vos estás conmigo Papá, y eso me da descanso". Ser conscientes de su presencia y su fiel compañía nos habilita a vivir una vida de descanso, más allá de lo que pueda estar pasando a nuestro alrededor. Y, como si eso fuera poco, Él nos dice: "todo te saldrá bien".

Es imposible que en la vida todo nos resulte bien, es improbable que jamás fracasemos, es irreal pensar que nunca nada nos va a salir mal. Pero acá nos dice que todo nos saldrá bien, y Dios no es hombre para mentir. ¿Entonces? Romanos 12 nos desafía a renovar nuestro entendimiento para entender la voluntad de Dios, que es buena, agradable y perfecta. La definición que Él tiene de *bien* creo que es muy diferente a la nuestra, Él ve cosas que nosotros no; por ende, su perspectiva es distinta. Pero es la correcta, es la acertada y eso es suficiente para confiar en Él. Descansemos, el Padre está con nosotros, todo saldrá bien conforme a su voluntad.

NOTAS

DÍA 4
ABBA

Y DEBIDO A QUE SOMOS SUS HIJOS, DIOS ENVIÓ AL ESPÍRITU DE SU HIJO A NUESTRO CORAZÓN, EL CUAL NOS IMPULSA A EXCLAMAR 'ABBA, PADRE'
–GÁLATAS 4:6

El primero en decirle *Abba* al Señor fue Jesús en Getsemaní, justo en medio de su profundo dolor antes de afrontar el momento más difícil de su vida. Para la generación más joven, es totalmente normal llamar a Dios como *Papá*, estamos familiarizados con este término. Pero en los tiempos de Jesús no era algo normal, era ridículo, era revolucionario. El Dios de los cielos y la tierra, el Dios de justicia del antiguo pacto, el Rey de reyes y Señor de señores, Jehová de los ejércitos, siendo llamado *Papá, Papi, Papito*... Pero Jesús abrió el camino, y ahora nosotros también podemos clamar a Él como nuestro *Abba*. Nos acercó, derramó su sangre por amor a vos, por amor a mí, incluso por amor a Papá.

Aun para las generaciones mayores es algo extraño decirle Papá a Dios. Muchos de ellos crecieron tratando de usted a sus propios padres. ¿Cómo le dirían así al gran Señor? Existe una imagen de Dios como alguien lejano, cuando oramos miramos al cielo, está allá arriba, lejos. ¿Y nosotros? Nosotros acá abajo tratando de vivir en este mundo tan alborotado. ¡Pero Jesús no se sacrificó para eso! El precio que pagó fue para acercarnos, para que pudiéramos disfrutar de su compañía todos los días, de cerca. Él es un papá cercano, un papá que quiere intimidad con sus hijos, quiere ser conocido por ellos.

¿Nunca viste a dos personas peleadas caminando juntas? No se miran, no se hablan, no se tocan, no nada. Ignoran por completo que el otro está ahí. A veces parece que le hacemos esto a Jesús; está ahí, pero pasa totalmente desapercibido de nuestra mirada.

Tenemos un papá y está ansioso por pasar la eternidad con sus hijos, empezando por hoy.

PARA PENSAR. ¿TE RESULTA FÁCIL O DIFÍCIL LA IMAGEN DE DIOS COMO PAPÁ? ¿TU RELACIÓN PATERNAL AYUDA O DIFICULTA A ESO? ¿CREÉS QUE SEA NECESARIO TRABAJAR ESTO PARA PODER DISFRUTAR DE MANERA MÁS CERCANA A TU PAPÁ DEL CIELO?

DÍA 5
BATALLA GANADA

EL SEÑOR LE DIJO: YO ESTARÉ CONTIGO, Y DESTRUIRÁS A LOS MADIANITAS
COMO SI ESTUVIERAS LUCHANDO CONTRA UN SOLO HOMBRE
-JUECES 6:16

En Jueces 6 encontramos la historia de Gedeón, un israelita que venía del clan más débil de la tribu; a su vez, él era el menos importante de su familia. Estaba escondido trillando trigo, tratando de que los madianitas no lo vieran para que no le robaran. Es ahí donde Dios lo llama para liberar al pueblo de la tribu de Madián, y una vez más lo vemos prometiendo su compañía para llevar a cabo la tarea encomendada. Pero eso no es todo, le garantiza la victoria sobre la batalla.

Saber que Dios está con nosotros nos da la certeza de que vamos a ganar cualquier lucha que se nos presente. Saber que está con nosotros nos afirma en la seguridad de que, aunque sea un batallón el que viene contra nosotros, vamos a vencer como si tan solo fuese una persona. La Palabra dice que muchas son las angustias del justo, mas de todas ellas los librará el Señor. Jesús nos dijo que en el mundo tendríamos aflicciones, pero que estemos tranquilos, Él venció al mundo.

No sé qué clase de batallas habrás peleado, no sé qué tipo de luchas vendrán, pero hay una cosa que puedo decirte: Jesús está con vos, peleando codo a codo, guiándote, dándote estrategias de guerra, dándote las armas que necesitás para pelear, vistiéndote con la armadura perfecta para cubrirte. Él no te manda al frente de la pelea solo, Él está ahí con vos, Él te acompaña. Él ya ganó la guerra final, ya sangró lo suficiente.

Pase lo que pase, recordemos lo que dijo el rey David: *"¿Por qué te abates, oh alma mía, y te turbas dentro de mí? Espera en Dios; porque aún he de alabarle, salvación mía y Dios mío"* (Salmo 42:5 RVR60).

Esperemos en Él, descansemos en su presencia. Él estará con nosotros hasta ganar.

PARA PENSAR. ¿ESTÁS ATRAVESANDO UN TIEMPO DE LUCHAS? ¿CON QUÉ ACTITUD TE PARÁS FRENTE A LAS CIRCUNSTANCIAS DIFÍCILES? ¿EL TEMOR GANA O GANA LA CONVICCIÓN DE SABER QUE JESÚS YA VENCIÓ?

NOTAS

DÍA 6
CERCA

AUNQUE MI PADRE Y MI MADRE ME ABANDONEN, EL SEÑOR ME MANTENDRÁ CERCA
-SALMO 27:10

El Señor nos mantiene cerca de Él, independientemente de lo que hayamos vivido. Las experiencias nos marcan, nuestras vivencias construyen quienes somos y nuestra manera de ver las cosas. Nuestra perspectiva de las cosas, sin duda, está directamente ligada a nuestra historia de vida. Y muchas veces percibimos a Dios de la forma en que las personas se relacionaron con nosotros. Si crecimos escuchando críticas, probablemente percibamos al Señor como el mayor crítico de nuestras vidas, delante de quien jamás vamos a ser lo suficientemente buenos como para agradarle. Si nos acostumbramos a relaciones exigentes, lo más seguro es que distorsionemos las cosas que Papá nos pide y las veamos como exigencias rigurosas a cumplir (y pobres de nosotros si no las cumplimos).

Así también, si sufrimos algún tipo de abandono, ya sea de parte de papá, mamá, alguien demasiado importante en nuestra vida, una pareja, hasta un líder de la iglesia que decide irse, es posible que en nuestro corazón exista el temor de ser abandonados por Dios. Cuando el abandono fue un patrón en nuestra vida, o tal vez una fuerte cicatriz, nos volvemos temerosos en esta área. Tememos que, ante el primer error, el Señor se aparte de nosotros. Tememos que, si no cuidamos lo suficiente nuestra relación con Él, va a decidir dar media vuelta y marcharse. Lejos está Él de ser un Papá así, esa no es su esencia.

Que hoy el Señor te abrace tan fuerte que su amor te inunde de la cabeza a los pies; que ese amor perfecto eche fuera de tu alma todo temor, y tu ser sea inundado de la preciosa convicción de que, a pesar del abandono de otras personas, Él siempre te mantendrá cerca.

Sos demasiado amado como para dejarte ir.

PARA PENSAR. ¿ALGUNA VEZ SUFRISTE ABANDONO EN ALGÚN ÁREA DE TU VIDA? SI ES ASÍ, ¿VISTE AFECTADA TU RELACIÓN CON DIOS POSTERIOR A ESO? ¿CONOCÉS A ALGUIEN QUE HAYA PASADO POR SITUACIONES ASÍ Y NECESITE SABER QUE DIOS NO ABANDONA? ¿QUÉ ESPERÁS PARA HACÉRSELO SABER?

DÍA 7
EN MEDIO DEL DOLOR

CUANDO ME LLAMEN, YO LES RESPONDERÉ; ESTARÉ CON ELLOS EN MEDIO DE LAS DIFICULTADES. LOS RESCATARÉ Y LOS HONRARÉ
–SALMO 91:15

Más de una vez me encontré en situaciones que, después de resolverlas, al contárselas a mis papás, me dijeron: "¿Por qué no nos llamaste?". Ellos jamás me darían vuelta la cara ante un problema, pero fui yo la que muchas veces decidió no pedirles ayuda.

¿Cuántas veces actuamos así con Dios? Estamos en medio del caos, y no lo buscamos, no lo llamamos y nos ahogamos en la situación que estamos atravesando. Sin embargo, Papá está esperando que lo busquemos, está listo para rescatarnos. No solo eso, Jesús prometió que iba a estar con nosotros hasta el fin de los tiempos. Y, al ascender a los cielos, nos envió al Espíritu Santo para que habitara en cada uno de nosotros. La Trinidad por completo está comprometida a acompañarnos en medio de la situación que sea. ¿No es hermoso?

En medio del dolor, ahí está Papá para abrazarte y consolarte. En medio del dolor, ahí está Jesús para escucharte como tu mejor amigo. En medio del dolor, ahí está el Espíritu Santo en tu interior, diciéndote las verdades que necesitás recordar cuando todo se complica. Su amor es así, absoluto, no es parcial ni condicional, al contrario, es un amor sin condiciones.

Papá, el Espíritu Santo y Jesús, los tres nos regalan su presencia de manera completa y absoluta en medio de nuestras dificultades.

Somos uno con Él.

PARA PENSAR. ¿ALGUNA VEZ HABÍAS PENSADO LO MARAVILLOSO QUE ES SABER QUE LA TRINIDAD DE DIOS ESTÁ CON VOS? ¿EN QUÉ ÁREA DE TU VIDA NECESITÁS AFIRMAR ESTA VERDAD? TOMATE UN TIEMPO CON PAPÁ, JESÚS Y EL ESPÍRITU SANTO.

DÍA 8

HASTA EL FIN DE LOS TIEMPOS

JESÚS SE ACERCÓ Y DIJO A SUS DISCÍPULOS: "SE ME HA DADO TODA AUTORIDAD EN EL CIELO Y EN LA TIERRA. POR LO TANTO, VAYAN Y HAGAN DISCÍPULOS DE TODAS LAS NACIONES, BAUTIZÁNDOLOS EN EL NOMBRE DEL PADRE Y DEL HIJO Y DEL ESPÍRITU SANTO. ENSEÑEN A LOS NUEVOS DISCÍPULOS A OBEDECER TODOS LOS MANDATOS QUE LES HE DADO. Y TENGAN POR SEGURO ESTO: QUE ESTOY CON USTEDES SIEMPRE, HASTA EL FIN DE LOS TIEMPOS".
–MATEO 28:18-20

¿Nunca te sentiste demasiado chiquito como para una tarea tan grande? Yo sí. Me he sentido insignificante, incapaz, carente de lo necesario para semejante misión, con miedo de fracasar, y la lista puede seguir.

Lo primero que nos aclara Jesús es que toda la autoridad le fue dada, y es haciendo uso de ella que nos envía para hacer discípulos a las naciones, bautizando, enseñando a obedecerlo. ¿Será que Jesús usaría semejante autoridad para mandarnos a hacer algo que no sería posible? Para nada. Esta autoridad que le fue dada a Él es nuestro respaldo, nos ampara para decir que sí somos capaces de cumplir esta comisión. Si Jesús nos eligió y nos envió, es porque Él sabe que tenemos lo que se necesita. Fuimos hechos a su imagen y semejanza, ¿te acordás?

Él sabía que los discípulos probablemente le irían con un montón de planteos, así como nosotros hoy en día, del tipo "pero Señor, no podemos sin vos"; "pero Señor, ¿cómo vamos a hacer esto si vos no estás con nosotros?". Pero el Maestro se les adelantó y aquietó su alma (y la nuestra) diciéndoles que iba a estar con ellos siempre, hasta el fin de los tiempos.

Tal vez el llamado de Dios asusta, tal vez la visión que te dio es tan grande que te da una mezcla de vértigo con adrenalina. ¡No te preocupes!

Tranquilo, Jesús está con vos, siempre. Eso es más que suficiente.

PARA PENSAR. EL TEMOR A SER INCAPACES REFLEJA QUE ESTAMOS PONIENDO NUESTRA CONFIANZA EN NOSOTROS Y NO EN EL SEÑOR. ¿DÓNDE ESTÁS DEPOSITANDO TU CONFIANZA? ¿TE ANIMÁS A CREERLE A JESÚS, AUNQUE EL LLAMADO PAREZCA DEMASIADO GRANDE? ¡ÁNIMO! ÉL ESTÁ CON VOS.

DÍA 9
NO ESTAMOS SOLOS

El pueblo de Israel atravesó el Mar Rojo como pisando tierra seca, cuatro décadas más tarde cruzaron el Río Jordán hacia la tierra prometida; unos cuantos años después Sadrac, Mesac y Abed-nego pasaron por un horno de fuego y ni siquiera tenían olor a humo. Díganme si este no es un Dios realmente fiel a su Palabra, poderoso para salvar, capaz de hacer lo imposible por amor a los suyos. Lo es, así es nuestro Señor.

¿Por qué fue posible que estos hombres atravesaran tales inconvenientes y salieran ilesos? El Señor estaba con ellos. El mar, el río y el fuego eran barreras naturales, elementos de la naturaleza que tenían la fuerza para acabar con sus vidas. Sin embargo, una intervención sobrenatural cambia el rumbo de las cosas, rompe con todas las leyes de la naturaleza, y hace parecer que estos majestuosos elementos ahora son más inofensivos que un pequeño insecto.

De la misma manera, la intervención de la presencia sobrenatural de Dios manifestada en nuestras vidas cambia todas las cosas, rompe con todas las leyes terrenales que podamos conocer, cambia nuestra herencia; el pronóstico decía que estábamos destinados a fracasar y, sin embargo, Él llega para decirnos que está con nosotros, que con su presencia todo es diferente. Él llega para susurrar a nuestro cansado corazón que pase lo que pase, Él va a estar con nosotros. No vamos a ahogarnos en la dificultad, la opresión no va a quemarnos, los problemas no van a consumirnos, porque Él está con nosotros. Él es quien fue, quien es y quien ha de venir.

Él estuvo, Él está, Él estará.

PARA PENSAR. ¿HAY SITUACIONES EN LAS QUE HAYAS DESISTIDO DE CREER? ¿ESTÁS NECESITANDO LA INTERVENCIÓN SOBRENATURAL DE DIOS SOBRE TU VIDA? ¿CREÉS REALMENTE QUE PUEDE HACERLO?

DÍA 10

NO NOS DEJARÁ

ADEMÁS, YO ESTOY CONTIGO Y TE PROTEGERÉ DONDEQUIERA QUE VAYAS. LLEGARÁ EL DÍA EN QUE TE TRAERÉ DE REGRESO A ESTA TIERRA. NO TE DEJARÉ HASTA QUE HAYA TERMINADO DE DARTE TODO LO QUE TE HE PROMETIDO.
—GÉNESIS 28:15

Seguimos encontrando más beneficios de la compañía de Jesús en nuestra vida: su protección. Proteger significa cuidar, evitar que algo malo alcance a quien se está protegiendo. El diccionario también nos habla de favorecer y apoyar a una persona o una causa. Podríamos decir que Papá hoy nos dice esto:

"Yo estoy con vos, estoy acá para cuidarte, estoy acá para evitar que los planes del enemigo te alcancen, estoy con vos para favorecerte en cada paso que des, estoy acá para apoyar el propósito que yo mismo asigné sobre tu vida".

El versículo sigue, y Dios reafirma su promesa de compañía diciéndole a Jacob que no lo dejaría hasta terminar de darle todo lo que le había prometido. Sabemos que esta promesa nos pertenece, pero ¿qué quiere decir realmente? En el camino al cumplimento de las promesas que Dios nos dio van a suceder algunas cosas que no estaban previstas precisamente. Vamos a fracasar, nos vamos a equivocar, nos vamos a cansar, vamos a querer rendirnos, vamos a pretender ir tras un sueño más sencillo y menos complicado. También vamos a descreer en lo que Dios nos dijo, vamos a tener momentos de flaqueza, vamos a sufrir ataques del enemigo, vamos a desanimarnos. Probablemente, en algún momento del camino, nos desviemos. Seguramente vamos a tropezar, vamos a sentir que lo que estamos haciendo tiene un costo demasiado alto, nos vamos a cuestionar si vale la pena. ¿Y sabés qué? Aunque pase todo eso, Él no nos va a dejar hasta cumplir su propósito en nuestra vida.

Nada lo va a hacer retroceder, su promesa es quedarse y eso no depende de lo que nosotros hagamos. Él es fiel. Siempre.

PARA PENSAR. SI HAY PALABRAS QUE CONTRADICEN LO QUE EL SEÑOR TE ESTÁ DICIENDO HOY, TE ANIMO A PODER IDENTIFICARLAS, DESECHARLAS, Y ABRAZAR LAS PROMESAS DE DIOS PARA TU VIDA.

DÍA 11
¡NO TENGAS MIEDO!

Hace unos años viví algo que aún recuerdo como si fuera hoy. Estaba al sol, sentada en el pasto y hablando con Papá, y en ese momento se acercó mi sobrino de 3 años. Me dijo que tenía miedo a un bicho que estaba en el tobogán, así que fui y lo saqué para que pudiera tirarse sin que el bicho lo asustara. Pero me volvió a decir que tenía miedo, esta vez se estaba refiriendo a largarse por el tobogán. Le dije que iba a estar ahí para agarrarlo al final, me pidió que por favor me quedara, que no me fuera, que lo agarrara. La manera en que Papá tocó mi corazón con esta situación me emociona hasta el día de hoy; Él sigue hablando conmigo por medio de parábolas y esta es una de mis favoritas. Ofrecerle mi presencia ahí le dio la seguridad que él necesitaba para largarse; sabía que yo iba a estar ahí, se aseguró de eso.

De la misma manera, Jesús anhela este tipo de relación. Al momento en que nuestros miedos aparecen, ahí llega Él para decirnos que va a estar con nosotros hasta el final. Su anhelo es que su compañía nos sea suficiente, suficiente para que el miedo retroceda y tengamos seguridad y confianza en que Él no nos va a dejar ni por un segundo.

La vida es un tobogán bastante alto, de esos que dan vértigo, pero ahí está Papá diciéndonos que al final del camino Él va a estar ahí para recibirnos. Que la certeza de su compañía sea todo lo que necesitemos para largarnos y animarnos a vivir todo lo que el Señor preparó para nosotros. Él nos fortalece, nos ayuda, nos sostiene. Él es nuestro Dios.

¡No tengamos miedo! ¡Él está con nosotros!

NOTAS

DÍA 12
PRIVILEGIO INMERECIDO

Y YO LE PEDIRÉ AL PADRE, Y ÉL LES DARÁ OTRO ABOGADO DEFENSOR, QUIEN ESTARÁ CON USTEDES PARA SIEMPRE. ME REFIERO AL ESPÍRITU SANTO, QUIEN GUÍA A TODA LA VERDAD. EL MUNDO NO PUEDE RECIBIRLO PORQUE NO LO BUSCA NI LO RECONOCE; PERO USTEDES SÍ LO CONOCEN, PORQUE AHORA ÉL VIVE CON USTEDES Y DESPUÉS ESTARÁ EN USTEDES.
–JUAN 14:16–17

El Espíritu Santo es tan hermoso, es nuestra perfecta compañía. Siempre digo que amo relacionarme con cada una de las personas de la Trinidad, cada una diferente, con características específicas, roles diferentes y tan complementarios entre sí.

Conocer a Dios es una aventura que nos va a durar la vida entera hasta que la eternidad nos alcance, y en esta aventura amo cada una de sus revelaciones sobre quién es Él. El Espíritu Santo muchas veces me mostró que era como un niño, uno que ama ser libre, uno que ama la risa, la alegría. Un niño que ama divertirse con nosotros, que quiere nuestra atención, que ansía mostrarnos lo que Él es capaz de hacer; como cuando mis sobrinos vienen a mostrarme algo nuevo que aprendieron a hacer, tal vez un dibujo, tal vez nuevas palabras escritas.

Su amor nos acompaña, de eso se tratan estos quince días, y lo vamos entendiendo. Mi propuesta es que hagamos que nuestro amor lo acompañe a Él, que correspondamos a Él con atención, con risas, con cariño, con palabras de ternura sobre cuán hermoso es estar con Él. El Espíritu Santo ama acompañarnos, correspondamos amando su compañía. Expresémosle la gratitud que hay en nuestro corazón por su llegada, por ser nuestro abogado defensor, por ser quien intercede por nosotros. Honremos el privilegio de conocerlo con adoración sincera que brote de nuestro corazón, con gratitud. Existen tantos que aún no lo conocen.

Que el Espíritu Santo pueda sentirse honrado por nosotros, así como Él nos honra con su compañía.

PARA PENSAR. ¿CÓMO DESCRIBIRÍAS AL ESPÍRITU SANTO? ¿SOS CONSCIENTE DE QUE VIVE EN TU INTERIOR? ¿CÓMO PODRÍAS HONRARLO CON TU MANERA DE VIVIR? ¿LO HACÉS O PODRÍAS SER MÁS INTENCIONAL?

DÍA 13
¡SOMOS SU TEMPLO!

¿PERO ES REALMENTE POSIBLE QUE DIOS HABITE EN LA TIERRA, ENTRE SERES HUMANOS? NI SIQUIERA LOS CIELOS MÁS ALTOS PUEDEN CONTENERTE, ¡MUCHO MENOS ESTE TEMPLO QUE HE CONSTRUIDO!
−2 CRÓNICAS 6:18

¿NO SE DAN CUENTA DE QUE SU CUERPO ES EL TEMPLO DEL ESPÍRITU SANTO, QUIEN VIVE EN USTEDES Y LES FUE DADO POR DIOS? USTEDES NO SE PERTENECEN A SÍ MISMOS
−1 CORINTIOS 6:19

¿Qué tenemos acá? El Dios infinito, que no puede ser contenido ni por los más altos cielos, decidió darnos a nosotros su Espíritu Santo para que seamos su templo. ¿Te das cuenta de lo privilegiados que somos? Es increíble.

Creo que, por lo menos una vez, todos experimentamos una soledad que parecía estar rasgándonos el alma, aun habiendo conocido a Jesús. Creo que todos en algún momento fuimos atacados por el enemigo, tratando de convencernos de que estábamos solos, que todos se habían olvidado de nosotros, incluso Dios.

Si algún día tomaste la decisión de que Jesús sea tu Señor, si entendiste que lo que hizo en la cruz fue por amor a vos y decidiste abrir tu corazón para recibirlo, el Espíritu Santo sin duda vive en vos (si no lo hiciste, hoy es un buen día para hacerlo). Esto significa que jamás, leeme bien, jamás vas a estar solo. El Espíritu Santo eligió morar en vos y no tiene planes de mudarse; Él ama estar ahí y nada de lo que puedas hacer podría cambiar eso. Podemos entristecerlo, sí, pero esa tristeza está precisamente originada en el profundo amor que tiene por vos y por mí. Aun así, Él nos eligió como su templo. Su presencia nunca se va a apartar de nosotros, Él está ahí a cada momento. Podemos estar más o menos conectados, eso es una cuestión de comunión, pero su compañía jamás nos deja. Somos su casa.

PARA PENSAR. ¿NO ES MARAVILLOSO SER CASA DE NUESTRO SEÑOR? ¿VIVIMOS ACORDE A ESTA VERDAD? ¿QUÉ CLASE DE CASA SOMOS PARA EL ESPÍRITU SANTO? ¿CÓMO LO ESTAMOS HOSPEDANDO?

DÍA 14

SU COMPAÑÍA NOS ENSEÑA

HABLA CON ÉL Y PON LAS PALABRAS EN SU BOCA. YO ESTARÉ CON LOS DOS CUANDO HABLEN Y LES ENSEÑARÉ LO QUE TIENEN QUE HACER
–ÉXODO 4:15

Estas son las palabras del Señor para Moisés, refiriéndose a él y a su hermano Aarón, después de una charla en la que Moisés no quería aceptar su llamado de ser el vocero de Dios. Sin embargo, Dios lo había elegido y no desistió, simplemente le permitió que Aarón lo acompañara y fuera el vocero delante del pueblo.

En cada momento de su llamado, Moisés fue acompañado por el Señor. Y no solo él, sino también Aarón, la promesa de su presencia fue para ambos. En este pasaje, Dios no solo les dice que va a estar con ellos, sino también que les va a enseñar lo que tienen que hacer. Esta palabra también es para nosotros.

Dios, al caminar con Él, nos enseña, nos guía, nos instruye. Andar conscientes de que realmente Él está con nosotros tiene que producirnos un espíritu enseñable, un corazón moldeable para que Él pueda obrar con total libertad en nuestras vidas. Que esta palabra sea de aliento y ánimo a nuestra alma, recordándonos que no solo su amor nos acompaña, sino que también nos enseña en cada paso que damos qué es lo que debemos hacer.

Los discípulos caminaban con el Maestro a dondequiera que Él iba. Lo seguían, lo observaban detalladamente, lo escuchaban, atendían a sus enseñanzas, sabían guardar silencio para oír con atención, y también sabían hacer preguntas para tener aún más entendimiento. Estos días nos están revelando cómo su amor nos acompaña en todo tiempo y en todo lugar, y cómo Él jamás se aparta de nosotros. Aprendamos también a ser una buena compañía para Él, con un corazón enseñable.

Que el Señor nos hable, estamos listos para escucharlo.

PARA PENSAR. ¿PENSÁS CÓMO ESTAR CERCA DE JESÚS Y NO SOLO EN SU COMPAÑÍA PARA VOS? ¿ESTÁS ATENTO A ACERCARTE MÁS A SU CORAZÓN Y APRENDER MÁS DE ÉL? ¿CÓMO PODRÍAS SER MÁS INTENCIONAL EN ESTO?

DÍA 15
TE BENDECIRÉ

VIVE AQUÍ COMO EXTRANJERO EN ESTA TIERRA, Y YO ESTARÉ CONTIGO Y TE BENDECIRÉ. YO, CON ESTAS PALABRAS, CONFIRMO QUE TE DARÉ TODAS ESTAS TIERRAS A TI Y A TU DESCENDENCIA, TAL COMO LE PROMETÍ SOLEMNEMENTE A ABRAHAM, TU PADRE.
–GÉNESIS 26:3

La presencia de Dios es tan vasta, tan suficiente, que en ella encontramos todo lo necesario. Como ya vimos, en ella hay descanso, victoria, nuevas fuerzas. Hoy vamos a hablar de su bendición, esta es la promesa que le da a Isaac. No solo estaría con él, sino que lo bendeciría en gran manera.

El significado básico de *bendecir* es "decir bien de", sin duda el Señor se refiere a algo más que esto. Pero partamos de este sencillo punto: es imposible estar atentos a la voz de Dios y escuchar algo que sea contrario a Él hablando bien sobre nosotros. No sé si vos lo habrás hecho, pero yo ya hablé muy mal de mí, fui mi peor jueza, mi peor crítica. Sin embargo, a medida que me fui acercando más y más al corazón de Jesús, lo suficiente como para escuchar lo que su latir decía de mí, me sorprendí. Él habla de una manera tan diferente… jamás usaría las palabras que alguna vez usé para pensar de mí, Él me bendice, Él habla bien de mí. Pero para escucharlo, no solo tengo que saber que está conmigo, tengo que aprender a disfrutar de esa compañía y así conocerlo cada día más.

Ahora sí, vayamos un poco más profundo. La bendición que Dios le promete a Isaac en este caso tiene que ver con la tierra que le daría, pero antes tendría que vivir un tiempo como extranjero. Hay una tierra prometida, hay algo que Dios tiene preparado para vos y para mí; sin embargo, hay un proceso previo que vivir antes de conquistar esa tierra. Mientras tanto, sabemos que Él está con nosotros en ese camino para bendecirnos durante y al final de todo.

¡Dios nos bendice en el proceso!

PARA PENSAR. ¿CÓMO HABLÁS DE VOS MISMO? ¿LO QUE TE DECÍS FRENTE AL ESPEJO SE PARECE A LO QUE DIOS DICE DE VOS? ¿TE IMAGINÁS A JESÚS DICIÉNDOTE LAS MISMAS PALABRAS QUE VOS TE DECÍS?

AMOR QUE LLAMA

PARTE 3

DÍA 1
¡APRESÚRATE!

MI AMADO ME DIJO: LEVÁNTATE, AMADA. APRESÚRATE. VEN CONMIGO. HE VENIDO COMO ME PEDISTE, PARA ACERCARTE A MI CORAZÓN Y MOSTRARTE LA SALIDA. PORQUE ESTE ES EL TIEMPO, HERMOSA MÍA.
—CANTAR DE LOS CANTARES 2:10 TPT (THE PASSION TRANSLATION)

En esta próxima quincena vamos a hablar de ese amor que nos llama, y para los primeros días elegí usar una traducción de la Biblia en inglés que me llevó a tener una comprensión más profunda de este amor, por la forma en que el autor decidió hacer énfasis en la misma, aunque no sea una traducción literal.

¡Cantar de los Cantares nos expresa tanto ese amor profundo que el rey tiene por nosotros! El rey está llamando a la sulamita, el Señor está llamando a su Iglesia, nos está llamando a vos y a mí. Su amor nos llama a levantarnos, nos pide que nos apresuremos. ¡Está ansioso por acercarnos a su corazón!

Crecí en una familia cristiana, desde chiquita voy a la iglesia y a veces uno piensa que por eso ya entiende todo. Error, la vida entera no nos alcanza para entender semejante amor. Por mucho tiempo creí que *tenía* que buscar a Dios, *tenía* que hablar con Él, *tenía* que amarlo, *"tenía que"*. Pero en los últimos años empecé a entender que no era así, ¡Él me estaba buscando primero! ¡Él me estaba hablando primero! ¡Él me amó primero! ¿No es fascinante tan grande amor? Cuando entendí que Él estaba llamándome, buscando mi corazón para acercarlo al suyo, todo cambió. Entendí que todo lo que yo pudiese hacer hacia su persona sería simplemente una respuesta a su llamado (a veces, a varios llamados. No siempre atendemos a la primera).

Su amor hoy te llama ansioso, te pide que te apresures, que no te tardes, ¡quiere que estés con Él! Anhela llevarte a su lugar secreto, acercarte a su corazón, que puedas conocerlo y mostrarte la salida a lo que sea que estés viviendo.

¡Llegó el tiempo!

PARA PENSAR. ¿ESTÁS DEDICANDO MÁS TIEMPO A OTRAS COSAS QUE A TU TIEMPO CON JESÚS? ¿SERÁ QUE ES TIEMPO DE ORDENAR PRIORIDADES Y RESPONDER A SU LLAMADO? ¿ESTÁS DISPUESTO A DEJAR DE LADO COSAS DE TU AGENDA PARA PASAR MÁS TIEMPO CON ÉL?

NOTAS

DÍA 2
UN NUEVO TIEMPO I

LA TEMPORADA HA CAMBIADO, EL CAUTIVERIO DE TU INVIERNO ESTÉRIL HA TERMINADO, Y LA TEMPORADA DE ESCONDERTE YA PASÓ. LAS LLUVIAS HAN EMPAPADO LA TIERRA Y HAN DEJADO COMO RESULTADO BROTES QUE FLORECEN. LA TEMPORADA DE PODAR LA VID CON CANTOS HA LLEGADO. PUEDO OÍR LAS PALOMAS CANTAR, LLENANDO EL AIRE CON CANCIONES PARA DESPERTARTE Y GUIARTE HACIA ADELANTE.
—CANTAR DE LOS CANTARES 2:11–12 TPT

Ayer terminamos el devocional con esta frase: ¡Llegó el tiempo! El amado le dice a su amada que llegó el tiempo, ¿el tiempo de qué?

El Espíritu Santo hoy nos llama a dejar atrás la temporada que estábamos viviendo hasta hoy, nos llama a descubrir que el invierno que estábamos atravesando terminó. Nos invita a salir de la estación por la que estábamos transitando, dice que eso *ya pasó*. En este pasaje no dice que la temporada *cambiará*, no que el cautiverio *terminará*, ni que esa temporada *pasará*. Dice que *ha cambiado, ha terminado. Ya pasó.*

El primer paso para salir de donde estamos es entender que ese tiempo ya pasó, hecho está, no tenemos que esperar a dar otra vuelta más en el desierto, fue suficiente. A veces le preguntamos a Dios cuánto tiempo más nos va a tener así, cuánto tiempo más vamos a tener que esperar por un cambio, cuánto tiempo más vamos a tener que caminar en ese invierno estéril donde nada tiene frutos. Lo llenamos de preguntas, tanto así que no callamos lo suficiente para escuchar lo que nos está diciendo. Lo puedo imaginar diciéndonos: "Shhh, tranquilo. Ese tiempo ya pasó, la temporada cambió, todo eso se terminó. Vení conmigo, te voy a mostrar algo nuevo".

¿Tarea de hoy? Ejercitar nuestra fe, creer lo que su Palabra nos dice y afirmarnos en Él. Creer que ese tiempo ya pasó y llenar nuestro corazón de expectativas por la nueva temporada que *ha llegado.*

¿Estás entusiasmado? Yo sí.

PARA PENSAR. ENTUSIASMO SIGNIFICA ETIMOLÓGICAMENTE "TENER A DIOS DENTRO DE SÍ". ¿ES TU FE ENTUSIASTA? ¿ES TU FE EL REFLEJO DE QUE DIOS ESTÁ EN TU INTERIOR? ¿CONFIÁS EN QUE DIOS PUEDE HACER ALGO NUEVO?

DÍA 3
UN NUEVO TIEMPO II

LA TEMPORADA HA CAMBIADO, EL CAUTIVERIO DE TU INVIERNO ESTÉRIL HA TERMINADO, Y LA TEMPORADA DE ESCONDERTE YA PASÓ. LAS LLUVIAS HAN EMPAPADO LA TIERRA Y HAN DEJADO COMO RESULTADO BROTES QUE FLORECEN. LA TEMPORADA DE PODAR LA VID CON CANTOS HA LLEGADO. PUEDO OÍR LAS PALOMAS CANTAR, LLENANDO EL AIRE CON CANCIONES PARA DESPERTARTE Y GUIARTE HACIA ADELANTE.
—CANTAR DE LOS CANTARES 2:11-12 TPT

Podríamos decir que ayer fue un día de cierre; hoy es un día de apertura.

Dios es muy claro con los tiempos en este pasaje; como vimos ayer, habla de un tiempo que terminó. Pero no solo eso, hay una nueva temporada que está llegando. ¿Leíste bien? Tiempo presente. Lo nuevo que Papá tiene para tu vida no está por llegar, ya llegó. Hay algo en el ambiente espiritual que está produciendo cambios, que tal vez no podemos percibir naturalmente, pero la fe en Él nos permite ver que algo nuevo realmente ha llegado y somos llamados a disfrutar de esta nueva estación junto con Él.

Un viejo amigo trabajó en viñedos años atrás y me enseñó algo: las ramas de la vid tienen lazos que las unen a otras ramas, algunos más fuertes, otros más débiles. Parte de su trabajo era sacar aquellas ramas que habían sido podadas, algunas de ellas se mantenían unidas por estos lazos y esto hasta lo lastimaba al forcejear para arrancarlas. Este pasaje habla de que llegó el tiempo de podar la vid con cantos. Hay cosas que Jesús quiere arrancar de nuestra vida, cosas que necesitan ser podadas y lazos que nos atan necesitan ser cortados. Su cuerpo fue lastimado enteramente para que podamos estar unidos a Él, que es la vid (Juan 15:5), y que todo lo excedente sea arrancado. Llegó el tiempo de que todo sea removido y solo seamos Él y nosotros.

No sé a vos, pero a mí esto me habla de libertad.

¡La temporada ha cambiado!

PARA PENSAR. ¿ESTÁS DISPUESTO A SER PODADO POR DIOS? ¿ESTÁS DISPUESTO A RENUNCIAR A LO QUE SEA NECESARIO PARA DARLE INICIO A ESTE NUEVO TIEMPO? ¿EN QUÉ DECISIONES TE ESTÁ COSTANDO DEJAR A DIOS HACER SU VOLUNTAD EN TU VIDA?

DÍA 4
UN NUEVO TIEMPO III

LA TEMPORADA HA CAMBIADO, EL CAUTIVERIO DE TU INVIERNO ESTÉRIL HA TERMINADO, Y LA TEMPORADA DE ESCONDERTE YA PASÓ. LAS LLUVIAS HAN EMPAPADO LA TIERRA Y HAN DEJADO COMO RESULTADO BROTES QUE FLORECEN. LA TEMPORADA DE PODAR LA VID CON CANTOS HA LLEGADO. PUEDO OÍR LAS PALOMAS CANTAR, LLENANDO EL AIRE CON CANCIONES PARA DESPERTARTE Y GUIARTE HACIA ADELANTE.
—CANTAR DE LOS CANTARES 2:11-12 TPT

Cuando la primavera está llegando, se puede percibir en el aire (los alérgicos lo perciben más que nadie). No solo llegó el tiempo de librarnos de todo lo que estorbaba, la lluvia que empapó la tierra trajo brotes que florecen. Cada lágrima que derramaste delante de Papá, cada lágrima que empapó tu almohada, cada una de ellas hoy empiezan a mostrar sus frutos. Poco a poco se dejan ver aquellos brotes que florecen como resultado de un corazón rendido a los pies de Jesús. La Palabra dice que aquellos que siembran con lágrimas, van a cosechar con alegría. El tiempo de la cosecha llegó.

No sé vos, pero yo siempre amé la música de una manera especial. Disfruto de escuchar a alguien cantar o tocar un instrumento, es uno de mis mayores placeres. ¡Tal vez por eso está llenando el aire de canciones para despertarme! El Señor sabe lo que la música genera, Él la originó. Y hoy se levantan canciones para despertarnos y llevarnos hacia adelante.

Siempre que el Señor despertó a alguien en la Biblia, esa persona no era la misma. Despertó a Adán, se levantó con una costilla menos y con una mujer a su lado. Despertó a Lázaro, y de estar muerto cuatro días pasó a estar en medio de una fiesta. Despertó a la niña de 12 años, y de ser llorada pasó a ser celebrada. Hubo un pasaje de muerte a vida, en el caso de Adán la vida fue generada en su alrededor. Una temporada llena de vida llegó.

¿Listo para despertarte? No vas a ser el mismo.

PARA PENSAR. PARA RESUCITAR, PRIMERO HAY QUE MORIR. ¿HAY COSAS EN TU VIDA QUE NECESITAN MORIR PARA NACER ASÍ A LO NUEVO DE DIOS? ¿EN QUÉ ÁREAS ESTÁS RETRASANDO ESTE PROCESO? ¡ES TIEMPO!

DÍA 5
UN NUEVO TIEMPO IV

LA TEMPORADA HA CAMBIADO, EL CAUTIVERIO DE TU INVIERNO ESTÉRIL HA TERMINADO, Y LA TEMPORADA DE ESCONDERTE YA PASÓ. LAS LLUVIAS HAN EMPAPADO LA TIERRA Y HAN DEJADO COMO RESULTADO BROTES QUE FLORECEN. LA TEMPORADA DE PODAR LA VID CON CANTOS HA LLEGADO. PUEDO OÍR LAS PALOMAS CANTAR, LLENANDO EL AIRE CON CANCIONES PARA DESPERTARTE Y GUIARTE HACIA ADELANTE.
–CANTAR DE LOS CANTARES 2:11-12 TPT

Llegamos al final de este pasaje. En estos días cerramos etapas, comenzamos una nueva, nos llenamos de expectativas y comenzamos a creer que algo nuevo ya está acá, listo para nosotros. Entendimos que nuestro amado nos llama con canciones para pasar de una temporada donde había cosas que estaban dormidas en nosotros, a una temporada donde eso se despierta. Al momento de despertar ya no somos los mismos, lo que estaba muerto ahora vive, lo que era una costilla ahora es una mujer. Hay algo que Dios hace tiempo viene trabajando y hoy nos despierta para que podamos verlo.

Adán cayó en un profundo sueño, no tenía idea de lo que Dios estaba haciendo hasta que despertó. De la misma manera, tenemos tiempos en nuestra vida en que parecemos haber caído en un profundo sopor y todo lo que Dios hace pasa totalmente desapercibido para nosotros. Hasta que Él nos llama, nos despierta y nos revela aquello que Él estaba haciendo en lo secreto.

Una vez despierto y con Eva a su lado, la misión fue dada; tenían las instrucciones para seguir hacia adelante, caminando conforme al precioso plan de Dios. Ellos fallaron, Jesús restituyó esa falla. Su amor nos llama a ver lo que Él estuvo haciendo en este tiempo sin que lo veamos, y nos guía hacia adelante. Nos da las instrucciones necesarias para esto, pero lo mejor de todo es que nos llama a ir con Él.

¡Los ojos puestos en Jesús!

PARA PENSAR. ¿ESTÁS DISTRAÍDO CON LAS COSAS DEL DÍA A DÍA? ¿O ESTÁS ATENTO A LAS INSTRUCCIONES QUE DIOS TIENE PARA DARTE EN ESTE NUEVO TIEMPO? ¿ESTÁS PRESTANDO ATENCIÓN A LO QUE EL SEÑOR TE QUIERE DECIR?

DÍA 6
¡COMO UNA RÁFAGA DE VIENTO!

¿NO PUEDES VER EL NUEVO DÍA DEL DESTINO QUE IRRUMPE ANTE TUS OJOS? MIS PROMESAS, MIS PLANES Y PROPÓSITOS, SON COMO UNA RÁFAGA DE VIENTO QUE TE IMPULSAN HACIA ADELANTE. NUEVA VIDA FLORECE EN LAS VIDES EN TODAS PARTES. EL AROMA DE SUS FLORES SUSPIRA: "HAY UN CAMBIO EN EL AIRE". LEVÁNTATE, AMADA, MI HERMOSA COMPAÑÍA, Y CORRE CONMIGO AL LUGAR ALTO. ESTE ES EL TIEMPO DE LEVANTARTE Y VENIR CONMIGO.
—CANTAR DE LOS CANTARES 2:13 TPT

¡Su amor nos llama a ver el nuevo día! ¿Viste cuando los pájaros cantan por la mañana? Son una invitación a mirar por la ventana y verlos, y junto a ellos ver el nuevo día que está comenzando. Así nos está invitando el Señor para que veamos el nuevo cielo que pintó para nosotros hoy.

En este nuevo día que comienza, Papá sopla bien fuerte con sus promesas, con sus planes y propósitos, y nos impulsa a avanzar. No sé si alguna vez te pasó de estar en la calle cuando un ventarrón andaba circulando, y tener que hacer fuerza para ir frenándote porque el viento te impulsa hacia adelante, si es que estás caminando en la dirección correcta. Si intentás caminar en contra del viento en un día de esos, vas a terminar bastante exhausto, no es tarea fácil. De la misma manera, caminar en contra de los planes y propósitos de Dios es literalmente ir viento en contra; terminamos cansados y frustrados, no hay forma (yo ya lo intenté, no tiene sentido). Él tiene un plan para tu vida, ya lo determinó y nada lo va a hacer cambiar de idea. Sin embargo, caminar con su viento a favor es tan diferente. Es Él quien nos va llevando, nos guía a cada paso.

Podemos caminar tranquilos, dejarnos llevar por sus planes; podemos confiar en sus propósitos, y descansar en sus promesas.

Dejemos que la ráfaga de sus promesas, planes y propósitos nos impulsen.

PARA PENSAR. ¿ESTÁS CORRIENDO CON EL VIENTO A FAVOR O EN CONTRA? ¿ESTÁS BUSCANDO LA VOLUNTAD DE PAPÁ O SIGUIENDO LA TUYA? ¿TE IMPULSAN SUS PROPÓSITOS O TUS EMOCIONES?

DÍA 7
¡NUEVA VIDA FLORECE!

¿NO PUEDES VER EL NUEVO DÍA DEL DESTINO QUE IRRUMPE ANTE TUS OJOS? MIS PROMESAS, MIS PLANES Y PROPÓSITOS, SON COMO UNA RÁFAGA DE VIENTO QUE TE IMPULSAN HACIA ADELANTE. NUEVA VIDA FLORECE EN LAS VIDES EN TODAS PARTES. EL AROMA DE SUS FLORES SUSPIRA: "HAY UN CAMBIO EN EL AIRE". LEVÁNTATE, AMADA, MI HERMOSA COMPAÑÍA, Y CORRE CONMIGO AL LUGAR ALTO. ESTE ES EL TIEMPO DE LEVANTARTE Y VENIR CONMIGO.
—CANTAR DE LOS CANTARES 2:13 TPT

Este pasaje nos dice que hay nueva vida floreciendo en todas partes. Este nuevo tiempo que está llegando no es solo para mí, no es solo para vos que estás leyendo esto. ¡Es para toda la Iglesia! Creo profundamente en el nuevo tiempo que está llegando, creo que realmente el aroma de la nueva vida que está floreciendo está suspirando que hay un cambio en el aire. Hay generaciones de hijos e hijas de Dios que están buscando ir más profundo, que están buscando ir más lejos que las generaciones anteriores. Hay una Iglesia despertándose de un sueño profundo, siendo impulsada por las promesas de Dios para avanzar.

Es un privilegio enorme el que tenemos de ser parte de esta generación de hijos e hijas de Dios que está levantándose, y no me refiero a edades, me refiero a esta franja de tiempo. Esto no es solo para los jóvenes soñadores, o para los adolescentes llenos de energía, esto es para todos. Si creíste que tu tiempo había pasado, dejame decirte que no. Estás en el tiempo cierto.

Este pasaje es el llamado del amado a su Iglesia a levantarse y correr al lugar alto, al lugar de intimidad como nunca antes. Este es el tiempo, y nosotros tenemos el honor de estar viviéndolo. ¿Cómo vamos a responder a este amor que nos llama? ¿Nos vamos a levantar y vamos a ir con Él?

No sé vos, ¡pero yo voy!

PARA PENSAR. ¿CREÉS EN UN NUEVO TIEMPO DE DIOS PARA SU IGLESIA? ¿QUERÉS SER PARTE DE LO QUE SE VIENE? ¿ESTÁS DISPUESTO A PAGAR EL PRECIO DE SEGUIR A JESÚS?

DÍA 8
¡LO HAREMOS JUNTOS!

DEBES ATRAPAR LAS ZORRAS PROBLEMÁTICAS, AQUELLAS PEQUEÑAS ZORRAS QUE ENTORPECEN NUESTRA RELACIÓN. ELLAS ATACAN NUESTRAS VIDES FLORECIENTES DE AMOR PARA ARRUINAR LO QUE HE PLANTADO DENTRO DE TI. ¿LAS ATRAPARÁS Y REMOVERÁS POR MÍ? LO HAREMOS JUNTOS.
—CANTAR DE LOS CANTARES 2:15 TPT

Una de las cosas que más desarma de amor mi corazón, es cuando mis sobrinos me piden que hagamos algo juntos. Ellos están creciendo y aún disfrutan de hacer cosas conmigo, y yo disfruto de hacerlas con ellos. Pero no solo eso, también está el momento en que les propongo que hagamos algo, como construir una fortaleza en el patio de casa, pintar un tubo de madera que será nuestro lanzacohetes después, tal vez una carpa de sábanas en la habitación. Es toda una aventura y amo ver la emoción de estar haciendo eso juntos en sus caritas.

Nuestro Papá ama que lo invitemos a caminar la vida junto con Él, pero necesitamos saber escucharlo también a Él cuando su dulce voz nos llama a hacer algo juntos. Hoy el llamado es para atrapar las zorras problemáticas que intentan arruinar lo que Él plantó en nuestro corazón. Las zorras representan todo aquello que intenta robar lo que hay en nuestro interior, todo aquello que amenaza lo que fue sembrado en nuestra vida, todo lo que implica un riesgo para los frutos que estamos dando.

Él no pretende que hagamos esto solos, sabe que no podríamos. Pero tampoco pretende hacer el trabajo solo, nos propone hacerlo juntos. Amo las aventuras con mi Señor, si Él está conmigo me animo a lo que sea, incluso a enfrentar mis batallas más difíciles. Estamos juntos, lo haremos juntos.

Hagamos esto, enfrentemos esas zorras, atrapémoslas, removámoslas de nuestras vidas. Papá está con nosotros, es un trabajo en equipo.

Con Él todo es más fácil.

PARA PENSAR. ¿CUÁLES SON LAS ZORRAS QUE IDENTIFICÁS EN TU VIDA? ¿CUÁLES SON AQUELLAS COSAS O RELACIONES QUE HOY INTENTAN ENTORPECER EL OBRAR DE DIOS? ¿ESTÁS DISPUESTO A RENUNCIAR A LO QUE SEA QUE EL SEÑOR TE PIDA HOY PARA CUIDAR TU RELACIÓN CON ÉL?

DÍA 9
ÉL NOS CONOCE

EL SEÑOR ME DIO EL SIGUIENTE MENSAJE: —TE CONOCÍA AUN ANTES DE HABERTE FORMADO EN EL VIENTRE DE TU MADRE; ANTES DE QUE NACIERAS, TE APARTÉ Y TE NOMBRÉ MI PROFETA A LAS NACIONES.
—JEREMÍAS 1:4-5

Así comienza el llamado de Jeremías. Venimos hablando de un amor que llama, ¿verdad? Seamos sinceros, ¿no es un poco difícil creer que el Dios creador del cielo y la tierra nos está llamando? Para mí lo es, pero ya aprendí a aceptarlo. Para Jeremías también lo fue, y también logró aceptarlo.

Lo primero que el Señor le dice a Jeremías es que *lo conocía* desde antes de haber nacido, y Jeremías parece que no escuchó bien lo que le dijo y trató de contarle que era muy joven y que no sabía hablar. Leamos de nuevo, el Señor *lo conocía*. A veces nos olvidamos de que Él nos conoce, realmente nos conoce, incluso desde antes de haber nacido. Entonces intentamos contarle todas nuestras debilidades y razones de por qué no le conviene llamarnos a nosotros; eso sí, somos excelentes representantes de los demás y se los ofrecemos como los mejores postulantes para esa tarea que debía ser nuestra.

El Señor nos conoce y aun así nos llama. Sí, aun así, a pesar de, no obstante. Él sabe muy bien quiénes somos, no hay nada que se le pierda de vista, Él es el Dios omnisciente. Él no te llama por error, o porque desconoce tus debilidades, claro que las conoce. Él conoce cada detalle de tu vida, cada rincón de tu corazón, lo más profundo de tu alma. Eso no es impedimento para Él, por el contrario, lo motiva aún más a llamarte para mostrar su gloria al mundo; al fin y al cabo, la gloria solo puede ser de Él. Dejá de lado cualquier "pero", cualquier excusa, el Señor te conoce y te está llamando. Solo basta responder a su inagotable amor.

PARA PENSAR. ¿AÚN DUDÁS DE QUE SOS APTO PARA RESPONDER AL LLAMADO DE DIOS? ¿AÚN INTENTÁS CONVENCERLO DE LLAMAR A ALGUIEN MÁS PARA CUMPLIR TU LLAMADO? ¿CUÁLES SON TUS EXCUSAS PARA NO CREERLE Y CONFIAR EN ÉL?

DÍA 10
LLAMADO DESAFIANTE I

EL SEÑOR LE HABÍA DICHO A ABRAM: DEJA TU PATRIA Y A TUS PARIENTES Y A LA FAMILIA DE TU PADRE, Y VETE A LA TIERRA QUE YO TE MOSTRARÉ. HARÉ DE TI UNA GRAN NACIÓN; TE BENDECIRÉ Y TE HARÉ FAMOSO, Y SERÁS UNA BENDICIÓN PARA OTROS.
—GÉNESIS 12:1-2

Amo los desafíos, soy una especie de Barney Stinson cada vez que me siento desafiada (personaje de una serie llamada *How I met your mother*, que tiene un serio problema con aceptar desafíos ridículos cuando realmente nadie lo desafió). En este pasaje vemos a Abraham enfrentándose a un llamado bastante desafiante de parte de Dios. Le estaba diciendo que dejara todo lo que tenía, para no tener nada y salir de la tierra que conocía, para ir a un lugar que aún no tenía idea de dónde sería. La propuesta parece un poco ridícula, ¿a quién se le ocurriría seguir un llamado de ese tipo? Al parecer el Señor sabía que Abraham era un hombre lleno de fe, sabía que respondería a su extravagante llamado.

Realmente considero que los planes de Dios son sumamente absurdos para la mente humana, pero son completamente sabios en la realidad del cielo. Abraham aceptó el desafío de seguir la voz de Dios y obedecerlo, aunque ni siquiera supiese a dónde estaba yendo. ¿Por qué será que tendría esa confianza tan plena en el Señor? Creo que las dudas probablemente aparecieron en su corazón, pero había una certeza que quemaba allí de manera tanto más fuerte que fue suficiente para impulsarlo hacia adelante: sabía que, a dondequiera que fuese, Dios estaría con él.

No sé qué planes humanamente ilógicos tendrá el Señor, pero una cosa podemos saber: si Él está con nosotros, podemos decir que sí a ese llamado desafiante. No estamos solos, estamos juntos hasta el final. Que esta certeza queme más fuerte que cualquier duda que pueda aparecer.

Salgamos, Él nos va a guiar.

PARA PENSAR. ¿QUÉ TAN DISPUESTO ESTÁS A OBEDECER A DIOS, AUNQUE NO TE MUESTRE EL PLAN COMPLETO? ¿CONFIÁS EN QUE SUS PLANES SON BUENOS? ¿ESTÁS DEMORANDO ALGUNA DECISIÓN QUE REQUIERA FE POR FALTA DE CERTEZAS?

DÍA 11
LLAMADO DESAFIANTE II

EL SEÑOR LE HABÍA DICHO A ABRAM: "DEJA TU PATRIA Y A TUS PARIENTES Y A LA FAMILIA DE TU PADRE, Y VETE A LA TIERRA QUE YO TE MOSTRARÉ. HARÉ DE TI UNA GRAN NACIÓN; TE BENDECIRÉ Y TE HARÉ FAMOSO, Y SERÁS UNA BENDICIÓN PARA OTROS".
—GÉNESIS 12:1-2

Esta historia es un ejemplo claro de lo que el Señor quiere de nosotros: confianza plena y absoluta en su Palabra. El llamado de Dios no fue muy concreto para Abraham, pero con esa primera directriz él comenzó su viaje. ¿Qué nos hace pensar que será diferente con nosotros? Él sigue anhelando tener una relación con ese nivel de confianza plena y absoluta con sus hijos, y la forma de desarrollar esa confianza es desafiándonos a creerle a pesar de todo. A pesar de no tener una dirección clara, a pesar de no tener todas las cartas sobre la mesa, a pesar de no saber bien hacia dónde estamos yendo, a pesar de que no todas nuestras preguntas sean contestadas.

Su llamado es desafiante a nuestra fe, nos impulsa a un nuevo nivel, un nivel que requiere certeza de quién es nuestro Papá celestial. Para responder a su llamado confiadamente, necesitamos saber quién es Él; sin conocerlo, jamás vamos a confiar realmente en su persona. Cuanta más intimidad, mayor es la certeza. Cuanta más comunión, mayor es la convicción. Puede que no sepamos hacia dónde estamos yendo, pero Él dijo que nos lo mostrará. Tiempo futuro, ya lo hará, solo tenemos que aprender a esperar un poco más.

Este tipo de obediencia tiene una recompensa mucho más alta de la que podemos discernir. Es una recompensa que alcanza nuestras futuras generaciones, que no solo nos alcanza en bendición a nosotros, sino que nos catapulta a ser bendición para nuestro alrededor. Somos llamados a ser bendición para otros, pero primero necesitamos pasar por esta prueba de fe. ¿Nos animamos?

Yo le creo, yo confío.

PARA PENSAR. SI NUESTRA CONFIANZA SE BASA EN CUÁNTO LO CONOCEMOS, Y NO ESTAMOS CONFIANDO SIN VER, ¿SERÁ QUE NECESITAMOS CONOCERLO MÁS? ¿SERÁ QUE NECESITAMOS PASAR MÁS TIEMPO CON NUESTRO PAPÁ PARA ANIMARNOS A VIVIR POR FE?

DÍA 12
LLAMADOS A ADORAR

El Espíritu Santo nos está haciendo una alegre invitación hoy, una invitación que trae de las más lindas recompensas. ¿De qué se trata? De un llamado a la adoración. Según el diccionario, la definición de adoración es *rendir culto*, también se la define como *amor profundo*. La adoración es más que cantar una canción, es rendir nuestro corazón al Señor, es amarlo profundamente. La adoración se trata de expresar aquel amor profundo que sentimos por Él con todo lo que somos, con nuestra manera de pensar, con nuestra manera de vivir, con nuestra manera de actuar, con nuestras palabras de amor sincero, incluso con la manera física en que manifestamos lo que estamos sintiendo en nuestro interior.

Somos tan privilegiados al recibir este llamado, no solo tenemos el honor de adorar a aquel que nos amó tanto, no solo tenemos la honra de poder alegrar su corazón con nuestra entrega de amor, sino que también eso trae felicidad a nuestra vida. ¡Es increíble! Algo que se trata exclusivamente de Él, algo que tiene que ver con que Él sea amado por nosotros, Él decide compartir la alegría de su corazón con nosotros y nos regala felicidad. ¿Querés saber cómo sobrellevar un tiempo difícil? Adoralo, como resultado vas a ser receptor de un gozo que solo Él sabe dar.

Lo mejor es que esto no acaba ahí, hay una recompensa aún mayor: caminar a la luz de la presencia del Señor. ¿No es maravilloso? Insisto, la adoración se trata de Él, no de nosotros, y aun así nos beneficia. Cuando recibimos este llamado a la adoración, también estamos siendo llamados a caminar a la luz de su presencia. No conozco un camino mejor.

Honremos este privilegio, respondamos a este alegre llamado.

PARA PENSAR. ¿SABÍAS QUE LA ADORACIÓN NO SE TRATA SOLO DE CANCIONES? ¿DE QUÉ MANERAS PODRÍAS ADORAR A JESÚS? ¿YA EXPERIMENTASTE EL PODER DE LA ADORACIÓN EN LOS TIEMPOS DIFÍCILES?

DÍA 13
LLAMADOS POR AMOR

¿POR QUÉ TE HE LLAMADO PARA ESTA TAREA? ¿POR QUÉ TE LLAMÉ POR TU NOMBRE, CUANDO NO ME CONOCÍAS? ES POR AMOR A MI SIERVO JACOB, ISRAEL, MI ESCOGIDO.
–ISAÍAS 45:4

El Señor llama al rey Ciro para que se levante a favor del pueblo de Israel. ¿Por qué lo llama, aunque él ni siquiera lo conocía? Fue por amor. Este amor que nos llama, no lo hace solo porque somos amados, sino también por amor a otros.

Fuiste diseñado lleno de talentos, dones y un carácter que en conjunto son la caja de herramientas ideal que necesitás para llevar a cabo el propósito de Dios para tu vida. Esto no se trata solo de vos y de mí, no se trata solo de tener una vida abundante y de vivir disfrutando el privilegio de ser hijos de Dios. Somos llamados a favor de otros que están necesitando *de Jesús, a Jesús*. Lo que fuimos llamados a hacer no termina en nosotros, se extiende al lugar donde estamos, se extiende a las personas que alcanzamos, alcanza a cada corazón que tocamos.

La Palabra dice que la creación gime, esperando la manifestación de los hijos de Dios. Fuimos llamados por amor a la creación, por amor a quienes no conocen este amor inefable que es tan difícil de explicar, pero tan hermoso de vivir. Fuimos llamados a manifestar la gloria de Dios en la tierra, para que todos puedan conocer el amor redentor de Jesús en la cruz. Él nos está llamando para que seamos luz y sal donde vayamos, para que seamos transformadores de atmósferas, para que traigamos la cultura del cielo a la Tierra. ¿Por qué? Porque Dios ama al mundo y anhela dar a conocer su inmenso amor.

¿Será que vamos a estar dispuestos a ser su amor expresado en las calles? ¿Será que vamos a vaciarnos lo suficiente de nosotros mismos para que Él nos desborde y su pasión alcance a los perdidos?

Si le digo que no, mi vida pierde sentido. ¿Y la tuya?

PARA PENSAR. ¿CUÁL CREÉS QUE ES EL PROPÓSITO DE TU VIDA? ¿DIOS ESTÁ INCLUIDO EN TUS OBJETIVOS? ¿VIVÍS ACORDE AL PROPÓSITO AL CUAL REALMENTE FUISTE LLAMADO POR EL SEÑOR?

DÍA 14

VUELVE A LLAMAR I

ENTONCES VINO EL SEÑOR Y SE DETUVO, Y LLAMÓ COMO EN LAS OTRAS OCASIONES: ¡SAMUEL, SAMUEL! Y SAMUEL RESPONDIÓ: HABLA, QUE TU SIERVO ESCUCHA.
–1 SAMUEL 3:10 RVC

En 1 Samuel 3 nos encontramos con una situación que, creo yo, todos hemos vivido alguna vez. El Señor llama a Samuel por la noche y él no reconoce su voz; sabe que alguien lo está llamando, pero piensa que es Elí. Lo llama por segunda vez, vuelve a pensar que es Elí. Lo llama por tercera vez, hasta que Elí entiende que era el Señor el que lo estaba llamando y le dice lo que tenía que hacer la próxima vez que fuese llamado. Finalmente, el Señor vuelve a llamar a Samuel y él respondió.

Hoy quiero tratar de ser como Elí y pedirle al Señor que me use para mostrarte que es Él quien te está llamando. Tal vez venís escuchando hace tiempo esa voz que te llama, sabés que alguien lo está haciendo, pero no lográs distinguirla. ¿Cómo podés reconocerla? Tal vez es un sueño que varias veces vino a tu corazón, pero intentaste descartarlo, parece demasiado grande para vos. Quizá por una palabra que recibiste hace tiempo atrás y que volvió más de una vez a tu mente, pero nunca la tomaste en serio. Puede ser que sea algo que hace tiempo sentís hacer, pero no tenés el coraje para hacerlo, el miedo a fracasar te paraliza. A lo mejor te está llamando hace tiempo a un mayor compromiso, hay algo en tu interior que lo sabe, pero no tomás la iniciativa. Quién sabe si no se trata de dones que tenés dormidos hace tiempo y Dios los quiere despertar, ya es tiempo. Vos y Dios saben bien de qué estoy hablando.

Oro para que venga a tu mente eso que Dios hace tiempo está tratando, para que su voz sea clara y para que hoy sea el día en que despiertes a su llamado y puedas decirle:

"Habla, que tu siervo escucha".

PARA PENSAR. ¿TENÉS EN CLARO PARA QUÉ TE ESTÁ LLAMANDO DIOS EN ESTE TIEMPO? SI ES ASÍ, ¿CÓMO ESTÁS RESPONDIENDO? SI AÚN NO LO SABÉS, TE DESAFÍO A BUSCAR SU PRESENCIA HASTA ENCONTRAR RESPUESTA.

DÍA 15
VUELVE A LLAMAR II

ENTONCES VINO EL SEÑOR Y SE DETUVO, Y LLAMÓ COMO EN LAS OTRAS OCASIONES: ¡SAMUEL, SAMUEL! Y SAMUEL RESPONDIÓ: HABLA, QUE TU SIERVO ESCUCHA.
–1 SAMUEL 3:10 RVC

Vamos a seguir hablando un poco de esta historia, pero desde otro punto de vista. Hoy quiero que hablemos específicamente de propósito.

No sé quién sos, pero el Señor sí, Él te conoce y sé que va a hablar a tu corazón de manera específica y profunda (eso espero). La Biblia nos muestra varios ejemplos de cómo los seres humanos, a veces, necesitamos más de un llamado; en ocasiones somos medio testarudos para responder. Él sabe eso, pero no le importa, vuelve a llamar.

Desde que tenía cinco años quería ser misionera, viajar por las naciones hablando del amor de Jesús y ayudando a los más necesitados. Crecí soñando eso, la idea siempre estaba ahí latente. Sin embargo, mi vida fue pasando y empecé a alejarme de ese sueño. Pasaron cosas que me llevaron a dejar de soñar tan alto, y empecé a anhelar solo lo que alcanzaba a ver.

Después de veinte años, sin haber concretado jamás un solo viaje misionero, pensé que tal vez eso no sería para mí. Aún anhelaba vivir eso, pero era más para decir "lo experimenté", que por realmente creer que era lo mío. Ya me había convencido de que iba a ser un momento de mi vida, pero no una vida dedicada a lo que siempre me había apasionado. Sin embargo, Dios no se había olvidado de que me había llamado, entonces lo volvió a hacer. Esta vez habló fuerte y claro, esta vez le dije que hablara, y lo escuché. Estuve a punto de estropear todo lo que Él tenía para mí, por no escuchar su llamado. Qué bueno que insistió.

Anhelo de corazón que si vos estás como yo estuve, a punto de tomar decisiones que trunquen los propósitos de Dios para tu vida, pares ahora mismo, escuches su voz y respondas a su llamado.

Él vuelve a llamar.

PARA PENSAR. ¿HAY ALGÚN SUEÑO QUE HAYAS DEJADO ENCAJONADO POR AÑOS? ¿DEJASTE DE CREER EN ALGUNA PROMESA DE DIOS POR EL PASO DEL TIEMPO? ¡NO DEJES DE CREER!

AMOR QUE SANA

PARTE 4

DÍA 1
JESÚS QUIERE SANARTE

DE REPENTE, UN LEPROSO SE LE ACERCÓ Y SE ARRODILLÓ DELANTE DE ÉL.
–SEÑOR –DIJO EL HOMBRE–, SI TÚ QUIERES, PUEDES SANARME Y DEJARME
LIMPIO. JESÚS EXTENDIÓ LA MANO Y LO TOCÓ. –SÍ QUIERO –DIJO–. ¡QUEDA
SANO! AL INSTANTE, LA LEPRA DESAPARECIÓ.
–MATEO 8:2-3

Amor que sana, de eso se van a tratar los próximos quince días y creo que no podría haber arrancado con un pasaje que no sea este. Una de las mayores mentiras con la que luchamos (y más he luchado personalmente) es aquella que nos dice que Jesús *no quiere* sanarnos. Fui presa de esta falacia por años.

Ya sea por algún pecado en mí, ya sea por mi falta de fe o lo que sea, creí que Él no quería sanarme; creía que, sin duda, algo había mal en mí para que Él no quisiera hacerlo. Hoy quiero decirte algo con total convicción: Jesús quiere sanarnos, *Jesús quiere sanarte*.

Este leproso seguramente había escuchado cientos de historias sobre Jesús de Nazaret, ese rabí que hacía milagros por donde iba. ¡Quién sabe cuántos testimonios de sanidad habrá escuchado por ahí!, lo que sabemos es que fueron los suficientes como para que él supiera una cosa: Jesús tenía poder para sanarlo. Este pasaje no pone en duda el poder que había en Él, sino que lo reconoce. Lo que este leproso no sabía es si realmente Jesús quería sanarlo, aunque sí sabía que bastaba con quererlo, si era el deseo del corazón de Jesús, y sería hecho.

A veces oramos y oramos buscando la voluntad de Dios sobre cosas que ya están escritas. ¿Querés saber si Jesús quiere sanarte? Releé el versículo. *Sí, quiere*. Y esto es todo lo que necesitamos saber para comenzar a creer, para reavivar nuestra fe y confiar en que su amor está ansioso por ser manifestado en sanidad sobre nosotros.

Así como creés en que *puede*, creé en que *quiere*.

PARA PENSAR. ¿PERDISTE LA FE EN ALGÚN MOMENTO DE TU HISTORIA? ¿DEJASTE DE CREER POR ALGUNA RAZÓN QUE JESÚS YA NO QUERÍA SANAR TU VIDA? ¿QUÉ TIPO DE SANIDAD ESTÁS NECESITANDO? TE ANIMO A CREER Y CONFIAR EN EL DIOS DE AMOR QUE TENEMOS.

NOTAS

DÍA 2
¡ESPERO QUE TE ENCUENTRES BIEN!

QUERIDO AMIGO, ESPERO QUE TE ENCUENTRES BIEN, Y QUE ESTÉS TAN SALUDABLE EN CUERPO, ASÍ COMO ERES FUERTE EN ESPÍRITU –3 JUAN 1:2

El amor de Dios es osado, inmenso, extraordinario y extravagante. Y en esa grandeza entra todo de nosotros, nada queda afuera, nuestro espíritu, nuestro cuerpo y nuestra alma son abrazados por ese infinito amor. En este pasaje Juan sabe lo importante que es cada parte de nosotros, sabe que no solo es necesaria una buena salud física, sino también espiritual.

La sanidad que Jesús viene a ofrecernos es integral, Él no está interesado en solo sanar tu cuerpo, ni tampoco en sanar únicamente tu espíritu, o simplemente sanar tu alma y ya. Todo en vos es importante para Él, tu sanidad es importante en las tres áreas. Por eso quisiera extender la oración de Juan y decirte que oro para que tu cuerpo experimente sanidad; sin olvidarme de tu espíritu, oro para que también esté saludable, fuerte, que todo lo que el enemigo haya intentado para destruirlo retroceda y ya no pueda afectar en tu andar diario con Papá.

Finalmente, pero no menos importante, oro por tu alma y cada parte de ella. Oro por tu mente, para que sea clara y sea despejada de toda mentira que el enemigo haya sembrado y haya estado enfermando tu corazón. Oro por tus emociones, para que las puedas disfrutar al 100 % como fueron diseñadas para ser, sin rechazar ninguna de ellas y aprendiendo a sobrellevarlas sabiamente. Oro para que cada herida emocional sea sanada en estos días, no por mis palabras, sino por un encuentro profundo y real con ese amor que sana todas las cosas.

Nada es imposible para el que cree en Jesús, la Palabra lo dice. En el área o las áreas que estés necesitando sanidad, vas a requerir de fe. Tu fe lo habilita para obrar, por más pequeña que sea.

No temas, solamente creé.

PARA PENSAR. ¿YA HAS EXPERIMENTADO LA SANIDAD DE DIOS EN ALGUNA DE ESTAS ÁREAS? SI ES ASÍ, ¿CÓMO CREÉS QUE PODÉS AYUDAR EN EL PROCESO DE SU SANIDAD A OTROS? ¿PENSASTE ALGUNA VEZ CÓMO TU PROCESO PUEDE BENDECIRLOS?

DÍA 3
¡NO TENGAS MIEDO!

CUANDO JESÚS OYÓ LO QUE HABÍA SUCEDIDO, LE DIJO A JAIRO: NO TENGAS MIEDO. SOLO TEN FE, Y ELLA SERÁ SANADA
–LUCAS 8:50

Jairo fue desesperado a buscar a aquel hombre que podía sanar a su hija; logró que fuera con él, pero era tanta la gente que lo seguía que hubo algunos inconvenientes en el camino. Imaginemos el corazón de este hombre lleno de fe porque Jesús estaba yendo a ver a su hija, y de repente toda esa fe se ve aplastada por las siguientes palabras: "Tu hija está muerta". Su fe queda destrozada, el temor lo invade, pero Jesús con su dulzura aquieta su alma: "No tengas miedo. Solo ten fe".

No sé si vos ya has experimentado esa sensación. Tu corazón estaba lleno de fe, confiado en que Jesús estaba caminando con vos y que algo iba a suceder. De pronto, algo sucede, algo arrolla tu fe y la reduce a nada. El miedo se acrecienta, todas las preguntas llegan como un tsunami a tu cabeza, ahora tu corazón es un mar de dudas. Conozco bien esa sensación. ¿Sabés lo que sigue después de eso? La voz de Jesús llega para hablar a tu confundido corazón y te dice: "No temas, solamente creé". La fe puesta en aquel que puede revertir cualquier situación disipa todo miedo, Él es amor, y en ese perfecto amor no hay lugar para el temor.

¿Dudaste de lo que Dios podía hacer? ¿Creíste que eso ya estaba muerto? Tranquilo, no tengas miedo, tené fe. No hay nada que Él no pueda hacer, no hay herida que Él no pueda sanar, no hay recuerdos que Él no pueda curar, no hay vida que Él no pueda restaurar, no hay enfermedad que Él no pueda derrotar. Él no solo quiere, Él puede.

Dejate abrazar por su precioso amor que sana. Confiá, descansá en Él; tu tarea es creer, la tarea de Él es hacer. No tenemos la capacidad de fabricar el milagro que necesitamos, pero tenemos la capacidad de desarrollar una fe que venza todo temor y nos permita ver la mano de Jesús obrando.

Solo tené fe.

PARA PENSAR. ¿ESTÁS EN UN PROCESO DONDE LAS DUDAS ACECHAN? ¿NECESITÁS QUE TU FE SEA RENOVADA? ¿COMPARTÍS TIEMPO CON PERSONAS QUE ALIMENTAN TU FE O LA APAGAN?

DÍA 4

¡TODO ES POSIBLE!

'¿CÓMO QUE "SI PUEDO"?', PREGUNTÓ JESÚS. 'TODO ES POSIBLE SI UNO CREE'. AL INSTANTE EL PADRE CLAMÓ: ¡SÍ, CREO, PERO AYÚDAME A SUPERAR MI INCREDULIDAD!
–MARCOS 9:23-24

Marcos 9 nos cuenta la historia de un padre desesperado por su hijo que hace años era atormentado por demonios, y le pide a Jesús que, si Él *puede*, los ayude. Este pasaje nos muestra su respuesta, más conocida como: "Al que cree, todo es posible".

Tal vez vos estés como ese papá que creía, pero a la vez necesitaba superar su incredulidad. Creo que todos alguna vez fuimos como él, con una parte de nuestro corazón creyendo y la otra siendo vencida por la desconfianza. Si vos, así como yo, necesitás ayuda para vencer esa incredulidad, hay una buena noticia: el Espíritu Santo está con nosotros para ayudarnos.

La única manera que tenemos de confiar en alguien es conociéndolo, nadie confía en un extraño. ¿Querés confiar y te cuesta? ¿Estás lleno de dudas sobre si Él quiere o puede sanar tu vida? ¿No estás seguro de realmente estar creyendo en Él? Entonces es tiempo de conocerlo un poco más, es tiempo de ir más profundo en Él y la enormidad de su presencia. Hay personas en las que confiamos más allá de todo, más allá de los inconvenientes que hayan sucedido, porque las conocemos, porque sabemos qué clase de corazón tienen. Con Jesús no es diferente, aprendemos a confiar en Él, más allá de las dificultades que afrontemos, más allá de las situaciones que permite y no podemos entender, porque lo conocemos.

Nuestra fe crece de manera directamente proporcional al tiempo que pasamos con Él. Cuanto más lo conocemos, más creemos; cuanto más creemos, menos dudamos; cuanto menos dudamos, más descansamos; cuanto más descansamos, más quietos estamos; cuanto más quietos, más vemos que Él es Dios.

Si solamente creemos, todo será posible.

PARA PENSAR. ¿CUÁLES SON AQUELLOS PENSAMIENTOS QUE INTENTAN APAGAR TU FE? ¿PODÉS IDENTIFICARLOS? ¿POR QUÉ VERDADES PODRÍAS REEMPLAZAR LA DUDA Y LA DESCONFIANZA?

DÍA 5
SANARÁ

SI SE HUMILLARE MI PUEBLO, SOBRE EL CUAL MI NOMBRE ES INVOCADO, Y ORAREN, Y BUSCAREN MI ROSTRO, Y SE CONVIRTIEREN DE SUS MALOS CAMINOS; ENTONCES YO OIRÉ DESDE LOS CIELOS, Y PERDONARÉ SUS PECADOS, Y SANARÉ SU TIERRA.
−2 CRÓNICAS 7:14 RVR60

El Señor quiere sanar, pero este no es un proceso que Él concluya solo, hay algo que está esperando de nosotros. Humillarnos es el primer paso. Esto no significa andar de rodillas 100 km sobre granos de arroz; humillarse es reconocer nuestras debilidades, es reconocer la grandeza de Dios, es admitir que no podemos solos, es renunciar a nuestra independencia orgullosa y reemplazarla por una humilde y sincera dependencia de Él.

Papá está esperando que oremos, es decir, que hablemos con Él, que presentemos delante de Él lo que estamos viviendo; anhela que busquemos su rostro más que cualquier otra cosa. Está esperando un cambio de nosotros, no nos pretende perfectos, pero sí quiere encontrar en nuestro corazón un verdadero arrepentimiento respecto de las cosas que nos alejaron de lo que Él tenía para nosotros. Y finalmente, Él nos oirá, nos perdonará y fielmente sanará nuestra vida.

¿Todo esto será porque Él es muy exigente y quiere hacer todo más difícil? Sé que no es así. El Señor no tiene oportunidad de trabajar en nuestro corazón si no admitimos primero que lo necesitamos. ¿Cómo sería posible trabajar en la vida de alguien que no reconoce que necesita ser tratado? El tiempo no cura las heridas, humillarnos y buscar el rostro de Dios es lo que abre puertas a la sanidad.

Años atrás experimenté esto físicamente. Tenía una herida, no la quería cuidar y llevó seis meses que sanase. Casi al final del proceso me volví a lastimar en el mismo lugar, pero con una diferencia: esta vez cuidé la herida, reconocí mi error. En una semana estaba cicatrizada.

¿Querés sanar? Dejá que Él cuide tu herida.

PARA PENSAR. ¿ACASO VAMOS AL MÉDICO SIN RECONOCER LO QUE NOS DUELE? ¿ACASO EL MÉDICO NOS DA UN DIAGNÓSTICO Y UN TRATAMIENTO SIN EXPLICARLE LOS SÍNTOMAS? DIOS YA SABE LO QUE ESTÁS VIVIENDO, PERO QUIERE ESCUCHARTE Y GUIARTE EN TU PROCESO DE SANIDAD.

DÍA 6

¿QUÉ ESTÁS ESPERANDO DE JESÚS?

'¿QUÉ QUIERES QUE HAGA POR TI?' PREGUNTÓ JESÚS. 'MI RABÍ' DIJO EL HOMBRE CIEGO '¡QUIERO VER!'
–MARCOS 10:51

Preguntarle a un ciego qué es lo que quiere, parece ser una pregunta bastante obvia; de hecho, lo es. Sin embargo, aun así, Jesús le hizo esta pregunta a aquel ciego, ¿por qué será?

La respuesta que el hombre le da al Maestro sería la clave de todo. No es una simple expresión de deseo, es una manifestación de convicción y profunda fe en su Rabí. Al responder lo que quería que Jesús hiciera por él, estaba declarando lo que creía que Él realmente podía hacer. Cuando responde "¡quiero ver!", está diciéndole: "creo que vos me podés sanar; creo que tenés el poder suficiente para darme la capacidad de ver; creo que sos aquel que puede librarme de mi ceguera". Este ciego responde que quería ver, porque sabía que era algo posible para Jesús.

Hoy el Señor nos hace exactamente la misma pregunta: "¿Qué querés que haga por vos?". Está esperando ver la medida de nuestra fe, está esperando ver qué creemos que Él es capaz de hacer por nosotros. Anhela que nuestra respuesta sea una manifestación de una fe audaz y de una firme convicción en que Él es poderoso para hacer lo que sea.

Él quiere sanarte, Jesús llevó en su propio cuerpo todo tipo de dolor, ya sea físico, emocional o espiritual. En el área que vos estés necesitando su amor sanador, Él está dispuesto a obrar, solo está esperando oír una respuesta de fe de tu parte. Quiere escuchar hasta dónde tu corazón confía en Él para obrar. En esta ocasión, la medida de tu fe en tu pedido va a determinar la medida de su obrar en tu vida. ¿Te animás a pedirle más allá de lo posible? Yo que vos me animo.

¡Él ama los imposibles!

PARA PENSAR. AL PENSAR EN RESPONDER A ESTA PREGUNTA DE JESÚS, ¿VIENE LA DUDA DE QUE REALMENTE SEA POSIBLE O LA CONVICCIÓN DE QUE JESÚS PUEDE SANARTE? ¿A QUIÉN LE CREÉS MÁS? ¿A TUS MIEDOS O A JESÚS?

DÍA 7
LA FE SANA

Quiero seguir un poco con la historia de este hombre. Como dije ayer, su respuesta fue una expresión llena de fe, y este pasaje lo confirma. Jesús mismo le dijo que su fe lo había sanado.

Cristo anhela manifestar su inmenso amor en sanidad sobre los suyos, es un deseo profundo que quema dentro de su corazón. Sin embargo, Él vivió toda su vida dentro de un modelo de trabajo en equipo, nunca hizo nada solo. La Palabra dice que hizo todo lo que vio hacer al Padre, y nos enseña que son uno junto con el Espíritu Santo. De la misma manera, Jesús no quiere obrar solo sobre nuestra vida, quiere contar con nuestra parte.

No voy a decir que Él no puede obrar si no tenemos fe, Él puede obrar como se le plazca. Pero sí voy a decir que no desea obrar sin nuestra fe en la ecuación. Él tiene poder de sobra para decir una letra y que su voluntad sea hecha, aun sin decir una palabra, tiene poder para dar vuelta nuestro mundo. Sería muy iluso de nuestra parte creer que tenemos poder para detener el obrar de Dios; la realidad es que Él decide operar donde encuentra corazones que creen en lo que puede hacer.

Es una elección del Padre obrar de esta manera, así como es nuestra elección creerle. Hay un poder que se desata cuando nos ponemos de acuerdo con el cielo. De eso se trata la fe, es ponernos de acuerdo con lo que Dios dice y este ensamble perfecto nos lleva a experimentar la sanidad que tanto estamos necesitando.

¿El desafío de hoy? Romper el acuerdo que hicimos con el enemigo al creerle sus mentiras, establecer una nueva alianza con el cielo, creyendo en lo que el Espíritu Santo nos revela en la Biblia, y disponernos a ser sanos por nuestra fe.

Yo creo, ¿y vos?

DÍA 8
¡TEN COMPASIÓN DE MÍ!

CUANDO BARTIMEO OYÓ QUE JESÚS DE NAZARET ESTABA CERCA, COMENZÓ A GRITAR: ¡JESÚS, HIJO DE DAVID, TEN COMPASIÓN DE MÍ!
–MARCOS 10:47 RVR60

Hoy decidí ir al inicio de esta historia de la que venimos aprendiendo hace dos días. ¿No es maravilloso todo lo que Dios nos puede enseñar con solo una historia?

Bartimeo estaba pidiendo a gritos compasión, otras traducciones dicen que le pedía que tuviera misericordia de Él. La definición de compasión nos dice que es un sentimiento de tristeza cuando vemos a alguien padecer, y este nos impulsa a aliviar su dolor, a hacer algo para remediarlo. Básicamente, Bartimeo le estaba pidiendo a Jesús que sintiera su dolor, le estaba pidiendo que lo entendiera, que hiciera algo para aliviar su pesar. Hace años me explicaron la misericordia con una simple frase: "La misericordia es ver una obra de arte donde los demás ven un desastre". En esa época, ser ciego era vergonzoso, reducía tu identidad a la nada. Creo que detrás del clamor de Bartimeo, podríamos escuchar a su corazón diciendo: "Jesús, no mires el desastre que soy, no mires mi vergüenza, mírame como solo vos sabés mirar".

Ya sabemos el final de la historia. Jesús se llenó de compasión por él, sintió su dolor, y fue movido en amor para sanarlo. Jesús no lo miró despectivamente, no lo rechazó, sino que lo vio como a una obra de arte, preciosa y valiosa, digna de ser contemplada. Hoy mi mensaje de amor es este: el corazón de Jesús está lleno de compasión por vos, Él conoce tu tristeza, el dolor de tu herida (del tipo que sea), y está a la puerta para ser llamado y ser movido en amor para sanar tu corazón. Él te mira como a su más preciosa obra de arte, sos digno de recibir su mirada...

Esa que nos sana por completo.

PARA PENSAR. ¿CREÍSTE ALGUNA VEZ QUE NO MERECÍAS SER AMADO? ¿O QUE NO ERAS LO SUFICIENTEMENTE BUENO PARA QUE DIOS TE MIRE? LA VERDAD ES QUE NO LO ÉRAMOS, PERO JESÚS NOS DIGNIFICÓ Y NOS JUSTIFICÓ. ¡SOS DIGNO DE SER AMADO!

DÍA 9
FUERA DE LA ALDEA

CUANDO LLEGARON A BETSAIDA, ALGUNAS PERSONAS LLEVARON A UN HOMBRE CIEGO ANTE JESÚS Y LE SUPLICARON QUE LO TOCARA Y LO SANARA. JESÚS TOMÓ AL CIEGO DE LA MANO Y LO LLEVÓ FUERA DE LA ALDEA. LUEGO ESCUPIÓ EN LOS OJOS DEL HOMBRE, PUSO SUS MANOS SOBRE ÉL Y LE PREGUNTÓ:
—¿PUEDES VER ALGO AHORA?
—MARCOS 8:22-23

Esta historia me hace reír. Las personas llegan ante Jesús pidiendo que tocara al ciego y lo sanara; ellos sabían que con un simple toque de Él, podía ser sanado. Sin embargo, Jesús hace las cosas de una manera totalmente diferente a lo que esperaban. Lo primero que hace es tomarlo de la mano y llevarlo fuera de la aldea. ¿Será que Jesús no podía sanarlo ahí mismo? ¿Era necesario salir de la aldea? Por lo visto, lo era. Nada de lo que el Maestro hizo cuando caminó entre los hombres fue sin sentido.

De la misma manera, todo lo que el Espíritu Santo sigue haciendo en nuestras vidas tiene propósito. Jesús puede sanarte ahí mismo donde estás, leyendo este libro, sentado en el sillón o tirado en la cama, tal vez tirado en el pasto sintiendo el sol en la piel. Pero tal vez sea necesario sacarte del lugar donde estás, y no me refiero a un lugar físico, sino espiritual. No sé cómo Dios está procesando tu vida, pero sí sé una cosa: Él sabe lo que hace. Tal vez llegaste a Jesús pidiéndole que simplemente te toque y te sane, pero Él te toma de la mano y te lleva a otro lugar. No te preocupes, confiá, seguilo, no sueltes su mano. Él te está llevando a tu lugar de sanidad. Si Él decidió llevarte fuera de tu aldea, no pierdas el tiempo cuestionando el por qué. Él es quien está viendo; mientras nosotros estamos ciegos, dejemos que Él nos lleve. Su amor es bueno, y todo lo que hace es basado en su bondad. Podemos descansar en ese amor.

Él sabe lo que hace.

PARA PENSAR. ¿PODÉS PERCIBIR QUE JESÚS TE ESTÁ LLEVANDO A OTRO LUGAR PARA SANAR TU VIDA? ¿PARECE SIN SENTIDO LO QUE ÉL ESTÁ HACIENDO? ¿PODRÍA SER TODO MÁS SIMPLE? HAY PROPÓSITO EN EL PROCESO.

DÍA 10
¿PUEDES VER?

CUANDO LLEGARON A BETSAIDA, ALGUNAS PERSONAS LLEVARON A UN HOMBRE CIEGO ANTE JESÚS Y LE SUPLICARON QUE LO TOCARA Y LO SANARA. JESÚS TOMÓ AL CIEGO DE LA MANO Y LO LLEVÓ FUERA DE LA ALDEA. LUEGO ESCUPIÓ EN LOS OJOS DEL HOMBRE, PUSO SUS MANOS SOBRE ÉL Y LE PREGUNTÓ:
–¿PUEDES VER ALGO AHORA?
–MARCOS 8:22-23

Vamos con la segunda parte de la historia. La situación ya parecía extraña, en vez de sanarlo en el mismo lugar, Jesús lleva al hombre fuera de la aldea. Y cuando parece que nada puede ser más absurdo, siendo que un toque habría sido más que suficiente, ¡Jesús lo escupe! ¿Es broma?

Abramos el corazón, seamos sinceros, ¿nunca sentiste como si Jesús te estuviera escupiendo la cara? ¿Nunca sentiste que nada de lo que estaba haciendo en tu vida tenía sentido? ¿Nunca pensaste que parecía que estaba haciendo las cosas más difíciles de manera innecesaria? ¿Nunca le preguntaste si de verdad era necesario que las cosas sean así? Me imagino a esta persona en ese momento, lleno de todo este tipo de preguntas en el microsegundo que Jesús le escupió los ojos.

Los procesos por los cuales el Señor nos lleva no suelen ser muy entendibles que digamos. Su manera de actuar no siempre va a ser la que más sentido tenga para nosotros. Su forma de trabajar nuestras heridas a veces resulta ser bastante incómoda (¿te imaginás que oren por sanidad y te escupan la cara?). Sin embargo, una vez más insisto, Él sabe lo que hace. Aunque nos desagrade, aunque nos duela, aunque no entendamos por qué nos lleva a otro lugar para después escupirnos y así ser sanados.

A veces nuestro proceso de sanidad no es solo sobre una enfermedad que ya no queremos tener más, o sobre una herida del pasado; a veces se trata de trabajar nuestro carácter durante ese transcurso. Y para eso no basta un toque, para eso es necesario el proceso.

PARA PENSAR. ¿PODÉS VER LO NECESARIO DEL PROCESO? ¿SERÁ QUE EN ESTE TIEMPO NO SOLO ESTÁ BUSCANDO SANAR TU VIDA SINO TAMBIÉN MOLDEANDO TU CORAZÓN? ¿EN QUÉ ÁREAS CREÉS QUE ESTÁ TRABAJANDO?

DÍA 11
TOTALMENTE RESTAURADOS

EL HOMBRE MIRÓ A SU ALREDEDOR Y DIJO:
–SÍ, VEO A ALGUNAS PERSONAS, PERO NO PUEDO VERLAS CON CLARIDAD; PARECEN ÁRBOLES QUE CAMINAN. ENTONCES JESÚS PUSO NUEVAMENTE SUS MANOS SOBRE LOS OJOS DEL HOMBRE Y FUERON ABIERTOS. SU VISTA FUE TOTALMENTE RESTAURADA Y PODÍA VER TODO CON CLARIDAD.
–MARCOS 8:24-25

Esta historia me sigue hablando tanto sobre el proceso de sanidad en nuestra vida. Jesús tenía todo el poder del cielo contenido en sí mismo en aquel instante. Todo ese poder podría haber sido desatado en el momento en que tomó la mano del hombre. Podría haber sido desatado en esa extraña acción de escupir sus ojos, o en el momento siguiente en el que colocó sus manos sobre él. Sin embargo, no fue de esta manera que sucedió. Este hombre comenzó a ver, pero aún no veía con claridad. Entonces una vez más Jesús puso sus manos sobre él y sus ojos fueron abiertos, su vista fue totalmente restaurada. Ahora sí, veía todo con claridad.

En nuestro caminar por este proceso de sanidad, puede que abramos los ojos a mitad de camino y aún no veamos del todo. Puede que aún no veamos de la manera que esperábamos, pero este camino no termina ahí, Jesús vuelve a poner sus manos sobre nosotros y nos ofrece una restauración completa. Intento imaginar qué podría pensar este hombre después de todo eso, y no ver completamente. Imagino ese instante de frustración, de desánimo, de haber pensado que finalmente vería y que no sea así. ¿Alguna vez te sentiste de esa manera? Lo confieso, lo experimenté incontables veces.

No dejes a la frustración privarte de ver lo que Jesús está haciendo, no dejes al desánimo detener tu fe antes de verlo haciendo la obra completa, no dejes de creer hasta ver que seas totalmente restaurado. Sea en lo físico, emocional o espiritual, aquel que comenzó la obra es fiel en completarla.

¡Pronto vas a ver todo con claridad!

PARA PENSAR. ¿ESTÁ SIENDO DIFÍCIL EL PROCESO? ¿CÓMO PODRÍAS FORTALECER TU FE EN EL CAMINO? ¿CONOCÉS A ALGUIEN QUE NECESITE DE ÁNIMO EN MEDIO DE SU PROCESO? ¿CÓMO PODRÍAS ANIMAR A OTROS?

DÍA 12
¿CUÁL ES TU POSTURA?

NAAMÁN SE ENOJÓ MUCHO Y SE FUE MUY OFENDIDO.
–¡YO CREÍ QUE EL PROFETA IBA A SALIR A RECIBIRME! –DIJO–. ESPERABA QUE ÉL MOVIERA SU MANO SOBRE LA LEPRA E INVOCARA EL NOMBRE DEL SEÑOR SU DIOS ¡Y ME SANARA!
–2 REYES 5:11 RVR60

Naamán era un poderoso guerrero, acostumbrado a tratos de honra y privilegio. Sin embargo, tenía un grave problema: padecía de lepra. Apareció una chica que aparentemente no significaba nada, pero poco después habría marcado un antes y un después en su vida. Fue ella quien lo mandó a hablar con Eliseo, le aseguró que él podía sanarlo.

Para su sorpresa, Eliseo no salió a recibirlo con ningún tipo de honor, de hecho, ni siquiera lo recibió. La Biblia nos cuenta que mandó a un mensajero a decirle que tenía que bañarse siete veces en el río Jordán y así sería sanado. Una vez más, vemos que Dios no siempre se mueve como nosotros esperamos. Sin embargo, podemos optar entre dos posturas:

1. Ser como el hombre con ceguera, dejarnos llevar de la mano por Jesús a donde Él quiera y aceptar con humildad sus métodos poco convencionales.

2. Ser como Naamán, llenos de orgullo por no ser tratados como "merecemos" y estar a punto de perder la posibilidad de ser sanados.

El Señor quería trabajar el orgullo de Naamán, por un momento este prefirió continuar con lepra, antes de sumergirse en el río Jordán. ¿Hasta dónde puede el orgullo privarnos de ser sanados? Hoy nuestro orgullo tal vez no se vería afectado por meternos en un río, pero sí si tuviéramos que pedir perdón, o tal vez perdonar a quien menos se lo merece (según nuestro criterio). Quizá la sanidad de nuestro corazón implica tener una conversación con alguien que hace mucho tiempo estamos evitando. Tal vez se trata de reconocer simplemente delante de Dios algo que nunca quisimos asumir. Sea lo que sea, no dejemos que nuestro orgullo nos prive de nuestra sanidad.

PARA PENSAR. ¿IDENTIFICÁS ORGULLO EN ALGÚN ÁREA DE TU VIDA? ¿ESTÁS RETRASANDO TU PROCESO DE SANIDAD POR NO OBEDECER ALGUNA INSTRUCCIÓN DE DIOS CLAVE PARA SER SANADO? ¿QUÉ ESTÁS ESPERANDO?

DÍA 13
¡LÁVATE Y TE CURARÁS!

SUS OFICIALES TRATARON DE HACERLE ENTRAR EN RAZÓN Y LE DIJERON: SEÑOR, SI EL PROFETA LE HUBIERA PEDIDO QUE HICIERA ALGO MUY DIFÍCIL, ¿USTED NO LO HABRÍA HECHO? ASÍ QUE EN VERDAD DEBERÍA OBEDECERLO CUANDO SENCILLAMENTE LE DICE: "¡VE, LÁVATE Y TE CURARÁS!".
—2 REYES 5:13

Mi abuelo fue un hombre generoso, servicial, atento, que evangelizaba hasta a las piedras. Pero tenía un defecto: su orgullo. Tenía algo que perdonar, algo que lastimaba su corazón. Sus palabras fueron: "no sabés cuántas veces le pedí a Dios que me saque este dolor y ahí sigue". Nunca quiso contarle a nadie qué era lo que tanto lo había herido, decía que él solo con Dios tenía que resolverlo. Intenté persuadirlo, pero no quiso abrir su corazón. Finalmente, en la cama del hospital, con un ACV, sin poder hablar ni comunicarse, le pregunté si quería perdonar eso que tanto le dolía. Le pedí que apretara mi mano si era un sí, y la apretó con fuerza. Oré para que así fuese hecho, y tres días después falleció.

Su sanidad hubiese sido tan sencilla como contar lo que había pasado, tan simple como bañarse en un río siete veces. Su orgullo no le permitió abrir su corazón, así como el orgullo de Naamán casi le impide ser sanado. Dios, en su inmensa gracia y misericordia, me permitió llegar a tiempo al hospital y tener el coraje suficiente para hacer esa pregunta. Él se fue con las cuentas claras, pero vivió años de pesar y dolor por causa de su dureza.

Si hay algo en tu corazón que necesita ser sanado, y entendés que es necesario hablarlo para que así sea, no te calles. Si fuese algo más difícil, pero supieses que te libraría de tu dolor, ¿no lo harías? Muchas veces, la sanidad comienza cuando traemos luz sobre la herida; dejemos de esconderla y hagamos que la oscuridad retroceda.

Lo que sea que Él te esté pidiendo, es mucho menos difícil que permanecer herido.

PARA PENSAR. TE ANIMO A QUE PUEDAS PREGUNTARLE AL SEÑOR SI HAY ALGUIEN A QUIEN PERDONAR, ALGÚN DOLOR QUE QUIZÁ YA CREÍAS SANADO, PERO SIEMPRE QUE PENSÁS O VES A AQUELLA PERSONA TODAVÍA SE SIENTE. ¡PERDONAR SANA!

DÍA 14
¡SE CURÓ!

ENTONCES NAAMÁN BAJÓ AL RÍO JORDÁN Y SE SUMERGIÓ SIETE VECES, TAL COMO EL HOMBRE DE DIOS LE HABÍA INDICADO. ¡Y SU PIEL QUEDÓ TAN SANA COMO LA DE UN NIÑO, Y SE CURÓ!
—2 REYES 5:14

La Palabra nos manda a amar y esta no es una tarea fácil. Amar es soportar, sufrir, perdonar, permanecer, buscar el bien del otro, no ser egoístas, y la lista sigue. ¿Qué tiene que ver esto con que Jesús quiera sanarnos? Mucho, prácticamente todo.

Supongo que ya habrás escuchado la expresión "el amor cubre multitud de errores", siempre nos referimos a esto pensando en el amor de Jesús hacia nosotros. Hoy quiero que le demos una visión diferente, hablando específicamente de la sanidad del alma. Las heridas del alma están todas directamente relacionadas con personas que pasaron por nuestra vida. Alguien que nos decepcionó, tal vez alguien que nos traicionó, nos falló, o alguien que nos hirió con palabras o acciones. De la manera que haya sido, este tipo de heridas involucran a *alguien* (como les conté ayer sobre mi abuelo).

El desafío de hoy es llenarnos de un amor que cubra la multitud de errores de aquellos que hayan podido lastimarnos. Así como el río cubrió la piel de Naamán y fue sanada, que ese amor nos cubra por completo, cubriendo cada error que dejó heridas en nuestro ser, sanándonos enteramente. La Biblia dice que si solo amamos a los que nos aman, no hacemos nada extraordinario. Jesús nos desafía a amar y bendecir a los que nos maldicen, y eso incluye a cada persona que nos causó dolor, del más profundo.

Hoy mi oración es que el Espíritu Santo sea ese río de amor que te cubra, que sane cada una de tus heridas, y que desborde de tal manera de tu corazón, que puedas amar y perdonar aun a aquellos que tan profundamente te hirieron. Solos es imposible, solo con Dios somos capaces de semejante cosa. Su amor lo cubre todo.

PARA PENSAR. SI TU CORAZÓN ESTÁ SANO EN ESTE ASPECTO, PERO HAY NOMBRES QUE RECORDÁS QUE ESTÁN EN UN PROCESO SIMILAR, TE ANIMO A ORAR POR ELLOS Y PEDIRLE GUÍA AL ESPÍRITU SANTO PARA DESAFIARLOS A PERDONAR Y ASÍ PODER SANAR.

DÍA 15
POR LA FE DE ELLOS

AL VER LA FE DE ELLOS, JESÚS LE DIJO AL PARALÍTICO: HIJO MÍO, TUS PECADOS SON PERDONADOS
–MARCOS 2:5

Llegamos al final de estos días hablando de este amor que sana, y no quería terminar sin hablar de esta historia. En resumen, Marcos 2 nos cuenta de cuatro amigos que llevan a su amigo paralítico en una camilla a donde estaba Jesús; el lugar estaba llenísimo, pero eso no los limitó. ¡Abrieron un agujero en el techo! Eso es convicción, sin duda tenían certeza de que Jesús podía hacer algo por él, y así fue. Fue al ver la fe de ellos que este hombre fue perdonado y sanado por Jesús.

Ahora quiero pedirte que pienses en aquella persona que está necesitando ser sanada por Dios (en el plano que sea), quiero que pienses tal vez en aquel que conoce al Señor, pero hace tiempo está apartado. En ese amigo "paralítico" que está necesitando de lo que Jesús tiene para darle. Ahora bien, presentá a esa persona delante de Dios, llevalo a sus pies en oración con la misma actitud de fe de esos cuatro amigos. Presentate ante Jesús con la misma convicción de que Él puede hacer algo por esa persona que hoy no encuentra solución, no encuentra respuesta. Si vas a entregarla en manos de Jesús, vas a necesitar creer en lo que Él puede hacer, no vale dudar.

Vimos a lo largo de estos quince días que, sin duda alguna, el Señor quiere sanar a los suyos. Anhelo realmente que esto pueda ser una convicción en tu corazón, que tengas la certeza absoluta de que verdaderamente la sanidad es parte del plan perfecto para nuestras vidas. Y que esa certeza te lleve a hacer locuras de cualquier tipo, con tal de acercar a las personas que amás a Jesús. Ya sea que estén necesitando salvación, sanidad, restauración, lo que sea. Por tu fe, Jesús puede obrar. ¡Tu fe puede salvar a muchos!

PARA PENSAR. ¿TUS ORACIONES SE TRATAN SOLO DE TUS PROPIOS INTERESES? ¿O HAY EN ELLA VARIOS NOMBRES QUE ESTÁN NECESITANDO DE JESÚS? ¿ORÁS POR OTROS REALMENTE CUANDO LES DECÍS "VOY A ESTAR ORANDO POR VOS"? ASUMAMOS UN COMPROMISO GENUINO AL DECIR ESTAS PALABRAS.

AMOR QUE RESTAURA

PARTE 5

DÍA 1
¡TE RECONSTRUIRÉ!

¡OH CIUDAD AZOTADA POR LAS TORMENTAS, ATRIBULADA Y DESOLADA! TE RECONSTRUIRÉ CON JOYAS PRECIOSAS Y HARÉ TUS CIMIENTOS DE LAPISLÁZULI. HARÉ TUS TORRES DE RUBÍES RELUCIENTES, TUS PUERTAS DE GEMAS BRILLANTES Y TUS MUROS DE PIEDRAS PRECIOSAS.
—ISAÍAS 54:11-12

Comienzan otros quince días conociendo otra fase del amor de Dios, amor que restaura.

Restaurar significa "volver a poner una cosa o a una persona en el estado de estimación que estaba antes". Es recuperar, recobrar; cuando se habla de arte se refiere a arreglar los daños que ha sufrido una obra de arte. ¿Qué quiero decir con esto? Que el amor de Dios llega a nosotros con el profundo deseo de llevarnos al estado de estimación que teníamos antes, antes de ser heridos, antes de pecar, antes de fallar, antes de sufrir, antes de todo; es decir, a nuestro modelo original. Su inmenso amor llega para que podamos recuperar nuestra identidad, recobrar la alegría, el gozo, la paz y todo aquello que perdimos en el proceso de vivir. La Biblia dice en Efesios 2:10 que somos la obra maestra de Dios; vos y yo somos esa obra de arte que ha sufrido daños, y Jesús quiere restaurar eso.

El pasaje de Isaías es parte de una promesa de restauración sobre Jerusalén, y también lo es para nosotros. Puede que algunas áreas de nuestra vida estén siendo como una ciudad azotada por las tormentas, atribulada y desolada, pero ese no es el resultado final. Puede que haya rincones un poco chamuscados, pero Él quiere reconstruir cada parte de nosotros con los mejores materiales, joyas preciosas, rubíes, gemas brillantes y tanto más. Nada de eso es material barato, tienen un costo. ¿Y sabes qué es lo mejor? ¡El costo ya fue pagado con la sangre de Jesús! Ahora todo eso está disponible para que seamos restaurados de manera increíble. Su amor hace nuevas todas las cosas.

PARA PENSAR. ¿ESTÁS DISPONIBLE Y DISPUESTO A QUE DIOS TRABAJE EN LA RESTAURACIÓN DE TU CORAZÓN, A PESAR DE SER UN PROCESO DOLOROSO?

NOTAS

DÍA 2
EL ALTAR ES LO PRIMERO

LEVANTARÉ A CIRO PARA QUE CUMPLA MI PROPÓSITO JUSTO, Y GUIARÉ SUS ACCIONES. ÉL RESTAURARÁ MI CIUDAD Y PONDRÁ EN LIBERTAD A MI PUEBLO CAUTIVO, ¡SIN BUSCAR RECOMPENSA! ¡YO, EL SEÑOR DE LOS EJÉRCITOS CELESTIALES, HE HABLADO!
—ISAÍAS 45:13

Ciro era un rey que nada tenía que ver con Dios; sin embargo, el Señor lo eligió para usar su vida a favor de su pueblo. El primer capítulo de Esdras nos muestra cómo esta promesa se cumple, donde Ciro les permite a los judíos volver a Jerusalén a reconstruir el templo. Si seguimos leyendo, vemos que lo primero que reconstruyeron fue el altar.

Esto nos muestra qué es lo primero que el Señor quiere restaurar en nosotros, el altar. Cuando algo hiere nuestra vida, cuando el pecado comienza a gobernar nuestro corazón, eso toma el lugar que le pertenece a Jesús. Nuestro dolor comienza a ser más importante que adorarlo, o bien ese pecado comienza a robar nuestro foco de Él. Sea cual sea esa área de nuestra vida que necesitamos restaurar, lo primero es el altar.

El altar es ese lugar de adoración, de entrega, de rendición, de sacrificio donde le entregamos todo a Él. Le entregamos nuestro dolor, nuestra debilidad, nuestra angustia, nuestro enojo, nuestras dudas, nuestras preguntas, nuestros miedos; todo es puesto sobre el altar y consumido por ese amor que quema. ¿Necesitás que restaure tu corazón porque está lastimado? Entregale tu angustia, tu dolor, tu enojo. ¿Necesitás que restaure tu vida porque fallaste como pensaste que no lo harías? Entregale tu debilidad, tu culpa, tu pesar. Este proceso comienza en el altar de tu corazón.

¿Cómo se reconstruye un altar? Con tiempo, con oración, con silencio, con adoración, pero principalmente con un corazón quebrantado con sinceridad, que humildemente reconoce cuánto necesita de su Dios.

Comencemos el proceso.

PARA PENSAR. ¿ESTÁS DISPUESTO A DARLE A DIOS EL LUGAR QUE LE CORRESPONDE? ¿ESTÁS DISPUESTO A ENTREGAR TODO LO QUE SEA NECESARIO? ¿QUÉ CREÉS QUE DIOS TE ESTÁ PIDIENDO ENTREGARLE EN ESTE TIEMPO?

DÍA 3
RECONSTRUYENDO EL ALTAR

A PESAR DE QUE TENÍAN MIEDO DE LOS LUGAREÑOS, RECONSTRUYERON EL ALTAR EN SU SITIO ORIGINAL. LUEGO, CADA MAÑANA Y CADA TARDE, COMENZARON A SACRIFICAR OFRENDAS QUEMADAS AL SEÑOR SOBRE EL ALTAR.
—ESDRAS 3:3

Hablemos un poco más sobre el altar. Lo habían restaurado, pero aún no habían restaurado el templo. Digamos que estaban a la vista de todos, es por eso que tenían temor de los lugareños, de cómo podrían reaccionar al verlos. Sin embargo, ese temor no los paralizó, y de mañana y tarde comenzaron a presentar sus ofrendas al Señor.

¿Cómo es que trasladamos esto a nuestra realidad? Primero, necesitamos un altar donde ofrecerle todo de nosotros. Restaurar el altar es devolverle a Jesús el trono de nuestra vida, es volver a darle la autoridad que le quitamos. ¿Qué hicimos con esa autoridad? Tal vez la tomamos nosotros mismos, quizá fuimos orgullosos y pretendimos controlar las cosas a nuestra manera. Tal vez decidimos tomar nuestras propias decisiones sin preguntarle a Papá qué era lo mejor, y eso lo corrió de nuestro centro. Puede ser que le hayamos dado esa autoridad a nuestras emociones, convirtiéndonos en personas que se manejan por lo que sienten, ya sea enojo, angustia, rencor, dolor, miedo, entusiasmo o euforia. O bien le cedimos esa autoridad a nuestras debilidades, y dejamos que eso nos controle, equivocándonos una y otra vez en el mismo punto.

El desafío de hoy es hacer una oración arriesgada, de esas que nos meten en problemas, de esas que Dios se toma bien en serio. Una oración que derrame nuestro corazón de la manera más sincera posible delante de Él, donde le devolvamos el lugar que merece, donde le quitemos autoridad a cualquier otra cosa que no sea Él y que solo Jesús sea el Rey de nuestro corazón; sin importar el costo que pueda tener.

¿Estás dispuesto?

PARA PENSAR. ¿TENÉS UNA IDEA DE CÓMO PODRÍAS DECIRLE ESTO AL SEÑOR? TE ANIMO A QUE LO ESCRIBAS Y LO REGISTRES CON FECHA, PARA QUE PUEDAS VOLVER A ESA ORACIÓN DE COMPROMISO Y ENTREGA CUANTAS VECES SEAN NECESARIAS.

NOTAS

DÍA 4
OFRENDAS AL REY

A PESAR DE QUE TENÍAN MIEDO DE LOS LUGAREÑOS, RECONSTRUYERON EL ALTAR EN SU SITIO ORIGINAL. LUEGO, CADA MAÑANA Y CADA TARDE, COMENZARON A SACRIFICAR OFRENDAS QUEMADAS AL SEÑOR SOBRE EL ALTAR.
—ESDRAS 3:3

Una vez reconstruido el altar, llega el momento de ofrecer nuestras ofrendas. Después de lo que Jesús hizo por nosotros, las ofrendas quemadas ya no son necesarias, pero eso no significa que Dios no esté esperando respuesta. La ofrenda que Él espera no es un cordero sacrificado, es un corazón obediente. La ofrenda que agrada a su corazón es aquella que es sincera, ya sea expresada en tiempo, en adoración, en oración, en silencio, en servicio, en ayuno o cualquier otro tipo de expresión.

Este pasaje dice que cada mañana y cada tarde ofrecían sacrificios al Señor. No era una vez cada tanto, eran dos veces por día, todos los días. La vida que llevaban era un estilo de vida de adoración y entrega. Sus ofrendas no eran un evento, eran parte de su diario vivir. A veces parece que nuestros momentos de entrega al Señor son justamente eso, momentos; algo que acontece de vez en cuando, en algún congreso donde nos emocionamos, en alguna conferencia donde el llamado al altar nos movilizó. Pero si revisamos nuestra vida diaria, está vacía de ese tipo de oraciones osadas y apasionadas que hacemos en ese tipo de eventos.

El Espíritu Santo está con nosotros para instruirnos, para enseñarnos y guiarnos en este proceso de restauración. Y para que esto suceda, la adoración tiene que ser una parte esencial de cada día. Que nuestra vida sea una ofrenda agradable a Él, ofrenda de amor, de obediencia, de humildad, de pasión y entrega. Dándole lo mejor de nuestro tiempo, lo mejor de nuestro corazón, lo mejor de nuestro servicio. Todos los días.

Demos todo para aquel que ya dio todo por nosotros.

PARA PENSAR. ¿QUÉ LE ESTÁS ENTREGANDO AL SEÑOR? ¿LO ESTÁS AMANDO CON TODA TU CAPACIDAD DE AMAR O PODRÍAS AMARLO MÁS? ¿CÓMO CORRESPONDÉS AL AMOR QUE TE RESTAURA?

DÍA 5
RECONSTRUYENDO EL TEMPLO

NO ESTORBEN LA CONSTRUCCIÓN DEL TEMPLO DE DIOS. DEJEN QUE SE RECONSTRUYA EN SU SITIO ORIGINAL Y NO LE PONGAN TRABAS AL TRABAJO DEL GOBERNADOR DE JUDÁ NI AL DE LOS ANCIANOS DE LOS JUDÍOS.
—ESDRAS 6:7

Luego de la reconstrucción del altar, el pueblo de Israel tuvo algunos inconvenientes con la reconstrucción del templo y la obra quedó detenida por algunos años. En el reinado del rey Darío, la obra fue retomada y completada.

Gracias al sacrificio de Jesús, ya no necesitamos encontrar a Dios en un templo hecho por hombres, ahora nosotros mismos somos el lugar que Él eligió para morar. Solo que, así como el templo en aquel tiempo, tal vez necesitemos ser restaurados, volver al modelo original que Él diseñó.

¿Qué arreglos estás necesitando como templo? Tal vez los ojos de la fe están un poco débiles y no te es posible ver cómo fuiste diseñado para creer. Puede ser que tu corazón ya no sea un lugar pacífico, parece que las emociones explotaron una bomba ahí, dejando todo destrozado y desordenado. Tal vez el templo está lleno de residuos del pasado, cosas que no te dejan avanzar, entonces es necesario hacer una limpieza de broncas pasadas. Quizá las paredes de tu templo están con humedad de tanto tiempo que pasó cerrado, y es necesario abrir las puertas y dejar a otros ayudarte en el proceso de refrescar el ambiente.

No sé qué es lo que estás necesitando, pero sí sé que Papá es experto en restaurar vidas y ni siquiera la tuya es demasiado complicada para Él. Simplemente disponé tu corazón para que Él entre y haga los arreglos que tenga que hacer. Puede doler, puede costar, puede ser incómodo, pero te aseguro que vale la pena. Al final de este proceso, vas a ser un templo precioso donde el Espíritu Santo va a sentirse en casa.

Vale la pena dejarse restaurar.

PARA PENSAR. ¿ESTÁS PASANDO POR UN PROCESO DE RESTAURACIÓN? ¿TENÉS PERSONAS ACOMPAÑÁNDOTE O NO HAS SIDO PERMEABLE A LA AYUDA? ¿CONOCÉS A ALGUIEN QUE ESTÁ TRANSITANDO POR ALGO ASÍ Y NECESITE APOYO? ¿QUÉ PODRÍAS HACER?

DÍA 6
SACRIFICIO QUE RESTAURA

CUANDO SOPLABA LA BRISA FRESCA DE LA TARDE, EL HOMBRE Y SU ESPOSA OYERON AL SEÑOR DIOS CAMINANDO POR EL HUERTO. ASÍ QUE SE ESCONDIERON DEL SEÑOR DIOS ENTRE LOS ÁRBOLES. —GÉNESIS 3:8

Retrocedamos un poco en el tiempo, vayamos donde todo comenzó: la creación. En Génesis leemos que Dios creó al hombre y a la mujer, los puso en el jardín del Edén y les dijo que comieran lo que quisieran, excepto el fruto de un árbol que les indicó. Sabemos la historia, hicieron lo contrario a lo que el Señor les dijo y así llegamos a esta escena. Dios caminando por el huerto, y ellos escondiéndose.

Soy una convencida de que no era el primer paseo del Señor en el Edén, Adán y Eva fueron creados para poder disfrutar de una relación cercana con Él. Sin embargo, decidieron de manera equivocada y esto generó una ruptura. Esa amistad, ese precioso vínculo fue quebrado, ahora se estaban escondiendo de su creador. Aun así, el plan de Dios para con nosotros no cambió, Él ya tenía un plan para restaurar nuestra relación. Jesús fue la respuesta, la medicina para nuestro vínculo; Él fue suficiente para restaurar lo que el pecado quebró.

¿Podés creer semejante amor? El ser humano rompe su lazo con Dios, y es Él mismo quien desciende a este mundo para restaurar lo que nosotros destrozamos. No era justo que Jesús sufriera lo que sufrió, no era justo que Él pagara el precio que nos correspondía a nosotros, sin embargo, lo hizo. Nos amó tanto que se entregó. El Padre nos amó tanto que entregó lo más preciado que tenía.

Disfrutemos de su amor que restauró nuestra relación, y vivamos una vida de intimidad y profundidad con aquel que dio todo por amor a nosotros. Tengamos una vida apasionada por ese amor que restaura todas las cosas, que se renueva todos los días y nunca deja de ser. Volvamos al jardín de la intimidad.

PARA PENSAR. ¿ESTÁS DISFRUTANDO REALMENTE DE LA CERCANÍA DE DIOS? ¿SERÁ QUE LA RUTINA Y EL ACELERE DE LOS TIEMPOS TE DISTRAJO EN EL ÚLTIMO TIEMPO? ¿CÓMO PODRÍAS DISFRUTAR DE LA INTIMIDAD CON DIOS DE FORMA MÁS INTENCIONAL?

DÍA 7
IMAGEN Y SEMEJANZA

NADIE HA VISTO JAMÁS A DIOS; PERO EL ÚNICO, QUE ES DIOS, ESTÁ ÍNTIMAMENTE LIGADO AL PADRE. ÉL NOS HA REVELADO A DIOS.
–JUAN 1:18

¿No es increíble? Jesús, el unigénito de Dios, vino para revelarnos a Dios. El hombre había perdido esa revelación por causa de su decadencia, de sus constantes malas decisiones. Sin embargo, Jesús no solo vino a restaurar nuestra intimidad con Dios, no solo vino para darnos esa nueva chance de acercarnos a Él, tanto como Adán y Eva se acercaron en el Edén. Jesús vino a restaurar el plan de Dios, de que el hombre revele quién es Él.

Jesús caminó en este mundo como hombre, para mostrarnos que era posible que el ser humano recupere su esencia como creación hecha a imagen y semejanza de Dios. Fuimos creados para ser su reflejo, sin embargo, perdimos ese privilegio desde el momento en que Adán y Eva pecaron.

Gracias a Dios, existe la palabra *"pero"*. Esta pequeña palabra de cuatro letras tiene un poder enorme, ¿sabías? Cuando un *"pero"* entra en una oración, anula todo lo anterior. "Te quiero, pero como amigos", a nadie le importa ese te quiero. De la misma manera, el *"pero"* de Dios llega para anular lo que acabo de decir. Perdimos el privilegio de ser el reflejo visible del Dios que nadie ha visto jamás, *pero* Jesús vino para restaurar la imagen de Dios en nosotros. No importa que lo hayamos perdido, importa lo que Jesús hizo.

¿El desafío de hoy? Que tengas el coraje de entregar en manos de Dios lo que sea necesario, para que su imagen sea restaurada al 100 % en tu vida y puedas ser la imagen visible del Dios invisible, que este mundo tanto está necesitando conocer. Anhelo que tengas la fe suficiente para creer que Él realmente anhela usarte como su reflejo y revelarse al mundo a través de tu vida.

Fuiste hecho a imagen y semejanza, no lo dudes.

PARA PENSAR. ¿CREÉS QUE PODÉS SER LA IMAGEN DE DIOS ACÁ EN LA TIERRA? ¿CREÉS QUE JESÚS PUEDE REVELARSE A OTROS A TRÁVES DE TU VIDA? ¡HAY UN PRECIO, PERO VALE LA PENA!

DÍA 8
LO QUE EL PADRE HACE

ENTONCES JESÚS EXPLICÓ: "LES DIGO LA VERDAD, EL HIJO NO PUEDE HACER NADA POR SU PROPIA CUENTA; SOLO HACE LO QUE VE QUE EL PADRE HACE. TODO LO QUE HACE EL PADRE, TAMBIÉN LO HACE EL HIJO".
–JUAN 5:19

No conozco poder más grande en este mundo que el amor. Fue el amor de Dios por cada uno de nosotros lo que lo llevó a entregar lo más preciado que tenía para salvarnos. Fue el amor de Jesús quemando en su corazón por el Padre y por nosotros, por el cual obedeció y se entregó para traer completa restauración a este mundo.

Ayer hablamos de que Jesús vino para restaurar en nosotros la imagen de Dios. ¿Qué significa esto? Que Jesús es la prueba de que el Padre no desiste de sus planes para con nosotros; a pesar de todos nuestros errores, Él continúa deseando reflejar su gloria en nuestras vidas. Significa que Él quiere que veamos lo que hace, para que nosotros como sus hijos hagamos lo mismo. Quiere que estemos tan ligados a su corazón, que no podamos hacer nada por nuestra propia cuenta, y solo podamos hacer lo que vemos que Él hace.

¿Alguna vez viste un mueble restaurado? Suele ser mucho más caro de lo que era originalmente. El trabajo invertido en él para renovarlo le da un valor mucho más alto, logrando que no sea importante cuán deteriorado había estado antes. De la misma manera, gracias a Jesús y a lo que Él invirtió en tu vida y en la mía, no importa cuán arruinados estábamos, Él nos restauró y nos dio un valor mucho mayor. A Él no le interesa si seguimos creyendo que lo que hicimos en el pasado fue demasiado terrible para que hoy podamos reflejar a Dios en el mundo, no intentemos convencerlo, Él no va a cambiar de idea. Él quiere prepararnos para que veamos lo que hace; hagamos lo mismo, así el mundo podrá conocer quién es Él a través de sus hijos.

¡Abramos el corazón para ver!

PARA PENSAR. ¿TE PREGUNTÁS CUÁL ES EL PROPÓSITO DE DIOS PARA TU VIDA? ¿LE PREGUNTÁS A DIOS QUÉ ES LO QUE QUIERE CON VOS? FUIMOS CREADOS PARA CONOCERLO Y DARLO A CONOCER. EL "CÓMO" ES UN DETALLE.

DÍA 9
RESTAURA TU ALEGRÍA

RESTAURA EN MÍ LA ALEGRÍA DE TU SALVACIÓN Y HAZ QUE ESTÉ DISPUESTO A OBEDECERTE. ENTONCES ENSEÑARÉ A LOS REBELDES TUS CAMINOS, Y ELLOS SE VOLVERÁN A TI
–SALMO 51:12-13

La gente muchas veces rechaza a Jesús no porque no lo quieran a Él, sino porque no quieren a su iglesia. Piensan que ser cristiano es aburrido, que es una carga demasiado difícil de llevar, solo ven cristianos agotados de cumplir una lista de obligaciones que no disfrutan. Y no es culpa de la gente pensar eso, es nuestra responsabilidad como iglesia no vivir con Jesús como deberíamos.

David había adulterado con Betsabé, y después de la visita de Natán escribió este salmo. Su pecado lo privó de la alegría que venía de Dios y solo había una persona capaz de devolvérsela: el mismo Señor. Y él no es el único que necesita eso, nosotros también lo necesitamos. Necesitamos que el Señor restaure la alegría de su salvación en nosotros, quitándonos todo peso que podamos cargar de culpa, de religión, de leyes. Y que coloque en nosotros un real y sincero deseo de obedecerle. La Palabra dice que Él produce en nosotros el querer como el hacer, hagamos de la oración de David nuestra oración.

Abramos el corazón para que Dios pueda restaurar la alegría de su salvación en nosotros, permitiéndonos experimentar la plenitud de una relación profunda con Él, que nos da una carga ligera y produce, por consecuencia, la disposición a obedecerlo. Que el mundo pueda conocer una iglesia alegre, dispuesta a obedecer a su Dios, que le enseñe a quienes no conocen a Jesús cuál es el camino y puedan volver su corazón a Él. Que el mundo se encuentre con hijos e hijas de Dios libres del peso del pecado, libres para reflejar la esencia de Jesús y ser testigos de Él hasta lo último de la Tierra. Como dice una vieja canción:

¡La alegría está en el corazón de quién ya conoce a Jesús!

PARA PENSAR. ¿ESTÁS VIVIENDO CON ALEGRÍA TU VIDA DE SERVICIO Y ENTREGA AL SEÑOR? ¿TU OBEDIENCIA A DIOS SE BASA EN LA LEY A CUMPLIR O EL AMOR A DEMOSTRAR?

DÍA 10
RESTAURANDO EL AMOR

SI SOLO AMAS A QUIENES TE AMAN, ¿QUÉ RECOMPENSA HAY POR ESO? HASTA LOS CORRUPTOS COBRADORES DE IMPUESTOS HACEN LO MISMO. SI ERES AMABLE SOLO CON TUS AMIGOS, ¿EN QUÉ TE DIFERENCIAS DE CUALQUIER OTRO? HASTA LOS PAGANOS HACEN LO MISMO.
–MATEO 5:46–47

En el jardín del Edén, la relación entre Dios y el hombre no fue lo único que se rompió. La relación con el prójimo sufrió su ruptura al momento de Adán culpar a su mujer, y eso se refleja en el egoísmo que reina en la humanidad. A lo largo de la historia en la Biblia, vemos cómo el egoísmo en el corazón del hombre fue creciendo, y el amor por el prójimo fue disminuyendo. Sin embargo, Jesús vino para también restaurar la relación entre unos y otros. Vino a abolir la ley del "ojo por ojo", para establecer un nuevo patrón: el amor por sobre todas las cosas; amor hacia el que nos maltrata, hacia el que nos persigue, y hacia el que nos lastima.

La Palabra dice que aquel que no ama es porque no conoce a Dios. Ahora, recordemos que la vara de amor que Jesús estableció va más allá de amar a los que nos aman. Solo un corazón que realmente conoce al Señor puede amar a aquel que lo persigue, a aquel que lo tortura, a aquel que le hace la vida todos los días un poco más difícil. ¿Te imaginás qué increíble sería el mundo si todos amaran de esta manera?

Comencemos por nuestra casa, por nuestro barrio, por nuestro trabajo. Seamos nosotros los primeros en restaurar, junto con Jesús, este amor que cubre multitud de errores, que no guarda rencor y libera perdón. Que nuestra vida sea ejemplo de este amor que siempre hace una milla extra, para que de esta manera Él pueda ser conocido como un Dios de gracia, que perdona, que restaura, que liberta.

Hagamos la diferencia, restauremos el amor.

PARA PENSAR. ¿ESTAMOS AMANDO A LOS DEMÁS COMO JESÚS AMA? ¿ESTAMOS SIENDO EJEMPLO DEL AMOR DE DIOS? ¿CÓMO LO ESTAMOS REFLEJANDO? ¿CÓMO PODEMOS SER MÁS INTENCIONALES EN AMAR A LOS DEMÁS?

DÍA 11
DISEÑO ORIGINAL I

LOS HOMBRES QUE ESTABAN A CARGO DE LA RESTAURACIÓN TRABAJARON ARDUAMENTE Y LA OBRA SIGUIÓ PROGRESANDO. RESTAURARON EL TEMPLO DE DIOS DE ACUERDO CON EL DISEÑO ORIGINAL Y LO REFORZARON.
—2 CRÓNICAS 24:13

En 2 Crónicas encontramos cómo el rey Joás se encargó de la restauración del templo, y este pasaje nos revela algo tremendo al respecto. Dice que lo restauraron de acuerdo al diseño original, y lo reforzaron. Fue exactamente eso lo que Jesús hizo.

Adán era el diseño original del hombre, que fue corrompido por el pecado. Jesús vino para restaurar ese diseño y reforzarlo. Él perfeccionó el diseño original, redimiéndolo completamente, revelando cuán grande es el poder de Dios. Tanto así que ninguna obra del enemigo pudo impedir que Él llevara a cabo su plan de revelar su imagen por medio de hombres y mujeres que viven en una relación correcta con su creador. Jesús restauró el templo de Dios en nosotros, y lo reforzó llenándolo de su Espíritu Santo. Él es la clave para vivir como Jesús.

Pensemos lo siguiente: hombres como Elías, Eliseo, David, Moisés, no tenían al Espíritu Santo morando dentro de ellos. Podían hallar la presencia de Dios, disfrutar de ella, pero Él no vivía *en* ellos. Lo que ellos vivieron no solo es ejemplar para nosotros, sino que es un desafío enorme. Estos hombres de Dios lograron un nivel de comunión con Él que impactó la historia, a pesar de no tener al Espíritu Santo *dentro* de ellos. ¿Cuánto más podemos alcanzar nosotros siendo templos de su presencia? El Dios Creador y Todopoderoso eligió restaurar su templo en nosotros y reforzarlo llenándolo de su soplo de vida. Es un privilegio que no podemos seguir ignorando, necesitamos despertar y entender que el costo que Jesús pagó para que esto sea así, fue demasiado alto.

¡Es tiempo de vivir conforme al diseño original!

PARA PENSAR. ¿PARASTE A PENSAR ALGUNA VEZ QUE EL DIOS DE TODA LA CREACIÓN DECIDIÓ HABITAR EN VOS? ¡EL DIOS QUE NI LOS CIELOS PUEDEN CONTENER ESTÁ EN VOS! ¿ESTÁS VIVIENDO CONSCIENTE DE ESTA VERDAD?

DÍA 12

DISEÑO ORIGINAL II

LOS HOMBRES QUE ESTABAN A CARGO DE LA RESTAURACIÓN TRABAJARON ARDUAMENTE Y LA OBRA SIGUIÓ PROGRESANDO. RESTAURARON EL TEMPLO DE DIOS DE ACUERDO CON EL DISEÑO ORIGINAL Y LO REFORZARON.
—2 CRÓNICAS 24:13

Entender el sacrificio de Jesús es dejar de dar excusas sobre por qué no estamos viviendo conforme al diseño original que Dios determinó para nosotros. Valorar el sacrificio de Jesús es disponerse en las manos de Papá y aceptar hacer Su voluntad, sea cual sea el costo. Porque nada de lo que nos pueda costar a nosotros es mayor al costo que Jesús pagó para hacernos hijos e hijas de Dios, portadores del Espíritu Santo, reyes y sacerdotes.

Cuando Jesús restauró el templo de Dios en nosotros, reforzándolo al enviar al Espíritu Santo para habitar en nuestros corazones, destruyó todo lo que realmente podía impedir que vivamos como Él lo planeó desde antes de la fundación del mundo. Y no, no interesa dónde estuviste, no interesa lo que hiciste, no importa lo que viviste. Lo que Jesús hizo en la cruz, al morir y resucitar, fue suficiente. Suficiente para transformar cualquier realidad, suficiente para restaurar cualquier desastre que hayamos hecho, suficiente para que volvamos a empezar.

Y así como esto es para cada uno de nosotros, también es para aquellos en los que nadie cree. Es para aquellos que nadie espera que sean transformados, que nadie imagina que pueden ser diferentes. Nuestra tarea es vivir, en primer lugar, esa restauración, para después ser restauradores, junto con Jesús, de aquellos corazones que precisan saber que hay una oportunidad. El mundo está lleno de personas que necesitan escuchar sobre lo que Jesús hizo y sobre el poder restaurador de Su amor. Conocemos a Jesús para darlo a conocer; no podemos guardarnos Su luz.

¡Vos y yo somos la luz del mundo!

PARA PENSAR: ¿QUÉ ESTÁS HACIENDO CON TU TESTIMONIO? ¿ESTÁS COMPARTIENDO CON QUIENES TE RODEAN LO QUE JESÚS HIZO? ¿ESTÁS SIENDO RESTAURADOR JUNTO CON JESÚS?

DÍA 13
FUEGO QUE CONSUME I

AL INSTANTE, EL FUEGO DEL SEÑOR CAYÓ DESDE EL CIELO Y CONSUMIÓ EL TORO, LA LEÑA, LAS PIEDRAS Y EL POLVO. ¡HASTA LAMIÓ TODA EL AGUA DE LA ZANJA! CUANDO LA GENTE VIO ESTO, TODOS CAYERON ROSTRO EN TIERRA Y EXCLAMARON: ¡EL SEÑOR, ÉL ES DIOS! ¡SÍ, EL SEÑOR ES DIOS!
—1 REYES 18:38-39

En 1 Reyes 18, encontramos el relato donde Elías desafía a los profetas de Baal a presentar un sacrificio delante de su dios, mientras él presentaría uno delante del Señor. El que respondiera con fuego sería el verdadero Dios. Ya hablamos del amor de Dios que restaura todo, de la restauración del altar y del templo. Pero hoy quiero hablar de cuánto Dios ansía restaurar el fuego en el altar.

Eran tiempos difíciles en el reino, había hambre y sequía. Mientras los profetas de Baal se cortaron hasta sangrar, Elías le ofreció algo mucho más preciado al Señor: litros y litros de agua, justo en medio de un tiempo en el que habían cesado las lluvias. Hizo mucho más que ofrecer un toro, hizo mucho más que cortarse, le ofreció al Señor lo más valioso que le podía ofrecer. Vimos la respuesta de Dios, envió el fuego y consumió todo, sin duda fue un sacrificio grato para Él.

Para que haya fuego, es necesario un sacrificio a ser consumido. Dios quiere restaurar el fuego del Espíritu Santo en cada uno de sus hijos, pero para eso precisa que un sacrificio grato sea ofrecido. No le interesa el tiempo que nos sobra, no le interesa el dinero que nos resta, no lo moviliza nuestra caridad. Si queremos que Dios restaure su fuego y consuma todo, necesitamos ofrecerle lo mejor que tenemos. Lo mejor de nuestro amor en medio de un mundo que no asume compromisos, es lo que espera de nosotros. Amemos al Señor con toda nuestra capacidad de amar, sin reservas ni condiciones.

PARA PENSAR. ¿QUÉ ES LO QUE MÁS TE COSTARÍA ENTREGARLE HOY? ESO, JUSTO ESO, ES LO QUE TENÉS QUE OFRECERLE. ¿ESTÁS DISPUESTO A OFRECERLE LO MEJOR PARA QUE ÉL RESTAURE SU FUEGO EN TU VIDA?

DÍA 14
FUEGO QUE CONSUME II

AL INSTANTE, EL FUEGO DEL SEÑOR CAYÓ DESDE EL CIELO Y CONSUMIÓ EL TORO, LA LEÑA, LAS PIEDRAS Y EL POLVO. ¡HASTA LAMIÓ TODA EL AGUA DE LA ZANJA! CUANDO LA GENTE VIO ESTO, TODOS CAYERON ROSTRO EN TIERRA Y EXCLAMARON: ¡EL SEÑOR, ÉL ES DIOS! ¡SÍ, EL SEÑOR ES DIOS!
—1 REYES 18:38-39

Cuando esta situación aconteció, llevaban años sin recibir lluvia. ¿Se imaginan cuán necesarios eran esos litros y litros de agua que Elías vertió en el altar? Tal vez algunos podrían haber pensado "¡qué desperdicio!", pero él sabía lo que estaba haciendo. El agua es algo que todo ser humano necesita para vivir, y él la estaba derramando cuando más la necesitaban.

Elías, al hacer lo que hizo, le estaba diciendo al Señor: "No necesito nada más que vos, Dios. No importa lo que me falte, no me interesa el costo, voy a ofrecerte lo mejor que tengo. No quiero depender de nada ni nadie más, solo de tu persona". Sabía que el agua era necesaria, pero para él no lo suficiente, si se trataba de honrar a su Señor.

Hay renuncias que no son para nada fáciles, hay entregas que duelen, hay cosas que amamos tanto que no queremos soltar. Nos mantienen dependientes de ellas y no de quien realmente tenemos que depender. Sin embargo, si realmente deseamos más de Dios, si de corazón deseamos que su fuego sea restaurado en nuestras vidas, necesitamos entregarle lo mejor. Es necesario decidir quién va a ser nuestra prioridad de ahora en más, recordando que nada resulta demasiado difícil cuando pensamos en lo que Jesús hizo por amor a nosotros. Él quiere darnos más.

Poco después del sacrificio llegó la lluvia. Entregarle todo a Dios es confiar en Él de esta manera; creyendo que, de su mano, siempre hay más. Y, sin duda, va a derramar su fuego sobre nosotros otra vez.

Yo decido confiar en Él, ¿y vos?

PARA PENSAR. ¿ESTÁS DISPUESTO A CONFIAR DE TAL MANERA EN EL SEÑOR, AL PUNTO DE ENTREGARLO LO MÁS PRECIADO QUE TENÉS, SABIENDO QUE ÉL SE OCUPA DE TODAS LAS COSAS? ¿HAY UN LÍMITE EN TU ENTREGA HACIA ÉL O ESTÁS DISPUESTO A DARLO TODO?

DÍA 15
¿ME AMAS?

LE DIJO LA TERCERA VEZ: SIMÓN, HIJO DE JONÁS, ¿ME AMAS? PEDRO SE ENTRISTECIÓ DE QUE LE DIJESE LA TERCERA VEZ: ¿ME AMAS? Y LE RESPONDIÓ: SEÑOR, TÚ LO SABES TODO; TÚ SABES QUE TE AMO. JESÚS LE DIJO: APACIENTA MIS OVEJAS.
—JUAN 21:17 RVR60

Se terminan estos quince días hablando sobre el amor que restaura, y al preguntarle a Jesús sobre qué escribir para hoy, su respuesta me enterneció. ¿Quién de nosotros no se sintió cómo Pedro? ¿Quién de nosotros no rechazó a Jesús alguna vez? Tal vez no negamos que seguíamos a Jesús frente a otros, pero en nuestro corazón nos negamos a seguirlo. Quizá le negamos nuestro tiempo, nuestra obediencia, nuestra integridad. Posiblemente le hayamos negado nuestro amor en más de una ocasión, nuestra lealtad, nuestro corazón.

Lo más importante que podría decirte en estos quince días, estoy por decírtelo. No hay falla de nuestra parte que Jesús no pueda perdonar, no hay negación de nuestra parte que Jesús no pueda restaurar. Pedro destruyó el puente que lo conectaba con Jesús al negarlo tres veces, Jesús restauró ese puente con tan solo tres preguntas. El hombre destruyó el puente que lo conectaba con Dios, Jesús lo restauró en tres días al morir y resucitar por amor a nosotros.

Puede que tu relación con Dios esté bien, pero no como anhelás. Puede que hayas estado en niveles de mayor profundidad, y el peso de haberte alejado de eso te hace creer que nunca más vas a volver a ese lugar de tanta intimidad con Jesús. Pero dejame decirte una cosa: cuando el Maestro restauró el vínculo con Pedro, fue ahí que comenzaron los mejores tiempos que el discípulo podría haber experimentado. Cuando Él restaura, refuerza. ¿Te acordás quién marcó la diferencia en la vida de Pedro? El Espíritu Santo. Dejalo llenarte una vez más.

¡Vas a llegar aún más lejos! ¡Siempre hay más!

PARA PENSAR. HOY ES EL DÍA PARA DECIRLE A JESÚS CUÁNTO LO AMÁS, PARA TOMAR LA DECISIÓN DE PROFUNDIZAR EN SU AMOR Y EN SU CORAZÓN. SABIENDO QUE SIEMPRE HAY MÁS POR DESCUBRIR EN ÉL, ¿QUÉ TENÉS PARA DECIRLE?

AMOR QUE TRANSFORMA

PARTE 6

DÍA 1
DE HUÉRFANOS A HIJOS I

PERO A TODOS LOS QUE CREYERON EN ÉL Y LO RECIBIERON, LES DIO EL DERECHO DE LLEGAR A SER HIJOS DE DIOS.
(JUAN 1:12 NTV)

Amo los significados de las palabras, hay profundidad y revelación en ellos. Para entender lo que significa ser transformados de huérfanos a hijos, primero necesitamos saber qué significa ser huérfanos. *"Se considera huérfano aquel que está descuidado, abandonado y que no puede valerse por sí mismo para remediar su abandono o falta de compañía y cariño"*. Creo que todos pasamos por ese lugar alguna vez, esto no es solo cuestión de un padre presente o ausente. Todos en algún momento experimentamos soledad, abandono, rechazo, sintiendo que no podíamos con nosotros mismos. Y muchas veces esto no tiene nada que ver con tener personas rodeándonos, se trata de una condición interna, una que no se resuelve con simples palabras.

Hay algo profundo que resolver acá. Algo arraigado en todo ser humano como descendientes de Adán y Eva. Un vínculo fue quebrado por el pecado y Jesús sabía que era necesario hacer algo al respecto. Su sacrificio es la respuesta, es la restauración de ese puente, de ese lazo perdido. Al creer en Él, ya no hay más abandono, no hay más temor, ni hay lugar para ese vacío que no lograba llenarse. Ahora estamos llenos hasta rebalsar: somos hijos.

La necesidad de ser amados, de compañía y cuidado, fue depositada por Dios en nuestro diseño original. ¿Por qué? Somos su imagen y semejanza, Él disfruta ser amado por nosotros tanto como nosotros deseamos ser amados por Él. Ese profundo anhelo nos conecta con Él, dirige nuestros ojos hacia Jesús, la fuente suprema de amor inagotable.

Le pido a Dios que en los próximos quince días puedas conocer ese amor transformador de una manera íntima y cercana.

Un encuentro con él lo transforma todo.

PARA PENSAR. ¿SOS CONSCIENTE VERDADERAMENTE DE CUÁN AMADO SOS POR DIOS? ¿O AÚN TE CUESTA ACEPTARLO? ¿CONSIDERÁS QUE VIVÍS CONFORME A ESE AMOR O AL AMOR/DESAMOR DE LOS DEMÁS?

DÍA 2
DE HUÉRFANOS A HIJOS II

PERO A TODOS LOS QUE CREYERON EN ÉL Y LO RECIBIERON, LES DIO EL DERECHO DE LLEGAR A SER HIJOS DE DIOS.
-JUAN 1:12 NTV

Entendimos cuál fue nuestro punto de partida, entendimos nuestra orfandad. Entendimos que antes de Jesús llegar a nuestras vidas, había algo en nosotros que siempre iba a estar incompleto a menos que Él lo llenara. Ahora, ¿qué significa haber recibido el derecho de ser hijos de Dios? Fuimos adoptados por Él, somos hermanos de Jesús, y así como legalmente no hay diferencias entre los derechos de un hijo biológico y un hijo adoptado, no hay diferencias entre Jesús y nosotros. Compartimos la misma herencia. Ahora, parece que cuando hablamos de herencia suena lejana, suena a eternidad, a algo que recién va a llegar al partir de este mundo. Sin embargo, ¡ya está lista para disfrutar hoy!

Ser hijos significa que recibimos el derecho (yo lo llamaría *privilegio*) de recibir guía de parte de Dios como nuestro papá, dirección, cuidado, protección, provisión y, por sobre todas las cosas, *amor*. Ser hijos nos garantiza su compañía en cada paso, nos asegura su presencia guardándonos de todo mal, avala nuestro derecho a reclamar sus promesas. Ser hijos significa que Él como papá está dispuesto a amarnos a cada momento, afirmando nuestra identidad. Significa que, ante cualquier situación, tenemos a quién recurrir, asegurándonos una respuesta segura de parte de Él. Significa que tenemos su ADN, su sangre fluye en nosotros y eso transforma toda nuestra realidad.

Saber que somos hijos nos lleva a vivir una vida de abundancia, de plenitud, de paz, de alegría, de seguridad aun en el caos. Significa que el rechazo ya no nos define, el abandono ya no nos condena, el miedo ya no nos aprisiona. Su amor nos adoptó. Fuimos transformados, somos hijos de Dios.

PARA PENSAR. ¿TE RELACIONÁS CON DIOS COMO HIJO O SOLO COMO SIERVO? ¿PODÉS DISFRUTAR DE VIVIR COMO HIJO DE DIOS O TE CUESTA RECIBIR SU PATERNIDAD? ¡QUE PAPÁ TE REVELE DÍA A DÍA SU PATERNIDAD!

DÍA 3
DE ESCLAVOS A AMIGOS I

YA NO LOS LLAMO ESCLAVOS, PORQUE EL AMO NO CONFÍA SUS ASUNTOS A LOS ESCLAVOS. USTEDES AHORA SON MIS AMIGOS, PORQUE LES HE CONTADO TODO LO QUE EL PADRE ME DIJO
–JUAN 15:15 NTV

El esclavo es una persona que carece de libertad y derechos propios por estar sometido de manera absoluta a la voluntad y el dominio de otra persona que es su dueña, y que puede comprarlo o venderlo como si fuera una mercancía. El amigo es alguien íntimo, alguien que conoce el corazón del otro, alguien cercano y digno de confianza.

El amor de Dios es tan maravilloso que llega para transformar nuestra vida de esclavitud en una vida de amistad íntima y profunda con Él.

Primeramente, nos libera de la esclavitud del pecado, de su dominio sobre nosotros, y nos otorga la libertad que habíamos perdido.

En segundo lugar, nos libera de la esclavitud de la religiosidad. ¿Qué quiero decir? La religiosidad que presentaban los fariseos ofrecía una relación de esclavitud con la ley, donde no se experimentaba la libertad de Cristo, había un dominio completo de la religión sobre las vidas y cuidado con no cumplir una de sus normas, en breve estarías siendo juzgado con severidad. Jesús viene a ofrecernos su amistad. Viene a decirnos que en Él hay libertad, que quiere una relación con nosotros porque lo elegimos a Él como nosotros fuimos elegidos por Él. Jesús viene a transformar una vida de leyes, una vida de recompensa y castigo, por una vida de relación dinámica, fluida, íntima y libre con su persona. Viene a cambiar nuestras obligaciones eclesiásticas por momentos de alegre servicio junto con Él; una vida de obligación, basada en el miedo al castigo, por la obediencia basada en el amor a nuestro Dios. Que nuestra vida sea un mensaje de amor para las personas, no una lista de tareas a cumplir.

Su amor hoy te invita, su amor hoy te llama amigo.

PARA PENSAR. SI MIRÁS A TU ALREDEDOR, ¿QUÉ ENCONTRÁS? ¿RELIGIÓN O RELACIÓN? ¿OBLIGACIÓN U OBEDIENCIA? ¿Y VOS MISMO?, ¿CÓMO CONSIDERÁS QUE VIVÍS TU RELACIÓN CON DIOS?

DÍA 4
DE ESCLAVOS A AMIGOS II

YA NO LOS LLAMO ESCLAVOS, PORQUE EL AMO NO CONFÍA SUS ASUNTOS A LOS ESCLAVOS. USTEDES AHORA SON MIS AMIGOS, PORQUE LES HE CONTADO TODO LO QUE EL PADRE ME DIJO
–JUAN 15:15 NTV

Profundicemos un poco más en lo que las palabras de Jesús nos están revelando. Un esclavo simplemente obedece lo que su amo le dice, cumple con sus tareas y eso es todo. ¿No te suena familiar? Nuestras congregaciones están llenas de personas que viven el evangelio de esta manera, yo fui una de ellas. Hasta que entendí, hasta que su inmenso amor transformó mi esclavitud en amistad.

Mientras yo estaba ocupada con mi agenda repleta de cosas, Jesús estaba queriendo ser mi amigo. Él quiere revelarnos sus secretos, quiere contarnos lo que hay en el corazón del Padre. Quiere que seamos parte de sus planes, quiere que protagonicemos sus proyectos. Pero, ¿sabés qué? No quiere que lo hagamos por obligación y cumplimientos de mandatos, Él está esperando de nosotros una respuesta de obediencia por amor. Así como estamos dispuestos a ayudar a un amigo en medio de su necesidad, no porque es nuestro deber, sino porque lo amamos y es una disposición sincera; de esa misma manera Dios está esperando nuestra respuesta. Como amigos íntimos, que conocen su corazón y están realmente dispuestos a ser parte de los hermosos planes que tiene para los suyos.

Ser amigos de Jesús no es una obligación, nadie quiere un amigo que solo está ahí porque lo siente como un deber. Más bien, todos esperamos amistades sinceras, de esas que son por elección, del corazón. ¿Qué nos hizo creer que Jesús no esperaba lo mismo que nosotros? Que hoy su amor se nos revele como nuestro mejor amigo, como alguien cercano, íntimo, que te eligió para estar cerca. Jesús nos eligió y nos llamó sus amigos. ¿Cómo vamos a responder?

PARA PENSAR. HAY UNA DIFERENCIA ENTRE EL CUMPLIMIENTO DE NORMAS POR OBLIGACIÓN Y LA OBEDIENCIA A LOS PRECEPTOS DE DIOS PORQUE LO AMAMOS Y QUEREMOS HONRARLO. ¿CON CUÁL TE IDENTIFICÁS?

DÍA 5
DE PASTOR DE OVEJAS A REY DE ISRAEL I

David, el último de ocho hermanos, no es muy considerado por su propio padre (por lo que nos deja ver la historia); fue tan olvidado que su papá ni siquiera consideró llamarlo cuando Samuel, el profeta, le pidió que le presentara a sus hijos para elegir a uno de ellos como rey. ¿Viste cuando hay que elegir equipo y siempre queda uno solo al final y por descarte? Algo así pasaba con David, parecía ser el último en ser elegido, el que nadie llamaría para su equipo. Sin embargo, algo inesperado sucede en su vida tranquila de pastor de ovejas: fue elegido por Dios.

Cuando nadie lo vio, cuando nadie valoró sus esfuerzos, cuando ni su propio padre supo reconocer la labor que desarrollaba con tanta dedicación y esmero, Dios lo vio y pegó un grito en el cielo: "¡Yo lo quiero para mi equipo!". Así es Él, así es su amor. Ve más allá de lo que los hombres ven.

Su amor no mira nuestra apariencia, sino que fija sus ojos en nuestro corazón. Fija su mirada en él con tal profundidad que no puede quedarse sin hacer nada, necesita hacer algo, necesita expresar el amor que despertamos en su corazón y nos llama. Nos llama aun cuando nadie nos vio, cuando nadie más se interesó. Nos llama porque Él sí vio, Él vio nuestro corazón, vio cada día de nuestra historia. Él sí nos eligió.

Fuiste elegido, fuiste llamado para salir de ese lugar escondido y ser reconocido por el Dios que te formó, Él quiere darte un lugar en su reino. Él te llama para ungirte, para que cumplas un propósito divino, planeado desde antes de la fundación del mundo. ¿Aceptás? ¡Hay mucho más por delante!

DÍA 6

DE PASTOR DE OVEJAS A REY DE ISRAEL II

DESPUÉS SAMUEL PREGUNTÓ:
–¿SON ESTOS TODOS LOS HIJOS QUE TIENES?
–QUEDA TODAVÍA EL MÁS JOVEN –CONTESTÓ ISAÍ–. PERO ESTÁ EN EL CAMPO CUIDANDO LAS OVEJAS Y LAS CABRAS.
–1 SAMUEL 16:11 NTV

Hoy quiero hablarte un poquito más de esta transformación del amor de Dios sobre la vida de David. Quiero que imagines junto conmigo la escena que vimos ayer: llega un profeta a tu casa, le dice a tu papá que le presente a todos sus hijos para elegir a uno de ellos como rey y él le presenta a todos... ¡Menos a vos! Intentemos traducir qué mensaje podría transmitir esta situación a David: "sos tan insignificante que, claramente, vos no podrías jamás ser elegido rey, tus hermanos están mucho más preparados, ellos sí tienen lo que se necesita". O tal vez: "yo te conozco, hijo, sé que no podrías con esto, mejor dejáselo a gente que está preparada para cosas más grandes, vos seguí cuidando ovejas allá en el fondo". Podemos seguir imaginando miles de frases, pero ni una de ellas trasmitiría un mensaje alentador para David.

Sin embargo, Dios irrumpe con un mensaje diferente, lo llama, lo elige. Le está diciendo: "Yo sé que sí podés porque conozco tu corazón. Sé que sos capaz porque yo te diseñé, sos digno de esta tarea. Yo te quiero a vos en mi equipo". Estas palabras hoy son para vos, hoy Él te llama para salir del fondo de casa y venir al frente, te llama para ungirte para una tarea especial. No naciste porque sí, hay un plan, un propósito divino que Dios está dispuesto a cumplir en tu vida. Su amor hoy tira por tierra cualquier otro tipo de mensaje que hayas recibido alguna vez, descarta el rechazo y te ofrece aceptación, descarta tus fracasos y te ofrece la victoria. De su mano, juntos, ya no solo en el fondo, sino al frente de batalla con Él a tu lado. Dejá que hoy su amor te dé una nueva identidad. ¡Somos reyes y sacerdotes!

PARA PENSAR. ¿ALGUNA VEZ SUFRISTE POR LA COMPARACIÓN CON OTROS? SI ES ASÍ, ¿ESTO SIGUE SIENDO UNA DIFICULTAD PARA VOS? ¿CONOCÉS A ALGUIEN QUE NECESITE RECORDAR QUE DIOS LO ELIGIÓ? ¿QUÉ ESPERÁS PARA DECÍRSELO?

DÍA 7
DE LODEBAR A LA MESA DEL REY I

Y LE DIJO DAVID: NO TENGAS TEMOR, PORQUE YO A LA VERDAD HARÉ CONTIGO MISERICORDIA POR AMOR DE JONATÁN TU PADRE, Y TE DEVOLVERÉ TODAS LAS TIERRAS DE SAÚL TU PADRE; Y TÚ COMERÁS SIEMPRE A MI MESA.
–2 SAMUEL 9:7 RVR60

En 2 Samuel 9 encontramos la historia de Mefi-boset, descendiente del rey Saúl. Cuando corrió la noticia de que el rey había muerto, la criada tomó a Mefi-boset, quien era un niño, y huyó. En ese tiempo si alguien quedaba vivo de la familia de un difunto rey, era asesinado. En la desesperada huida, Mefi-boset cayó y quedó lisiado de los pies, inválido.

Inválido, palabra fuerte, su significado es "que carece de validez". Esa era la identidad de Mefi-boset, y tan arraigada estaba a él que después se llama a sí mismo como un perro muerto. Este joven creció en Lodebar, que significa "sin pastura"; era tierra de nadie, un lugar seco, perdido, olvidado. Nada en su vida parecía ayudar mucho con su identidad.

Sin embargo, el rey David había hecho una promesa a su amigo Jonatán, de ofrecer misericordia a quien quedara vivo de su casa. Así fue que tiempo después decidió buscar a este hijo olvidado en la tierra de nadie para invitarlo a su mesa. ¿Sabés lo que esto significa? Nadie se sentaba a la mesa del rey a menos que fueran personas realmente importantes. ¡Alto ahí! Mefi-boset era importante.

Vamos a seguir hablando de esta historia, pero hoy quiero concluir en esto: hoy Dios nos llama a salir de esa tierra desierta, para sentarnos a la mesa del Rey. Él está dispuesto a ir hasta ese lugar olvidado para tomarnos de la mano y llevarnos a su mesa, restituir nuestra identidad y darnos todo lo que el enemigo nos arrebató. ¡Salgamos de Lodebar! ¡Hay una mesa preparada para nosotros!

PARA PENSAR. ¿CUÁL ES O HA SIDO TU LODEBAR? ¿YA SALISTE DE ESE LUGAR O SENTÍS QUE A VECES RETORNÁS? ¿POR QUÉ CREÉS QUE HOY TANTOS SE SIENTEN COMO MEFI-BOSET?

DÍA 8
DE LODEBAR A LA MESA DEL REY II

Y LE DIJO DAVID: NO TENGAS TEMOR, PORQUE YO A LA VERDAD HARÉ CONTIGO MISERICORDIA POR AMOR DE JONATÁN TU PADRE, Y TE DEVOLVERÉ TODAS LAS TIERRAS DE SAÚL TU PADRE; Y TÚ COMERÁS SIEMPRE A MI MESA.
—2 SAMUEL 9:7 RVR60

Amo esta historia y todo lo que ella significa, por eso la estudiaremos con un poco más de profundidad.

Hay situaciones en nuestra vida que nos lastimaron y afectaron; hubo una parte de nosotros que nunca más volvió a ser la misma, invalidaron una parte de nuestra alma y ahí sigue, inválida. Pero hoy nuestro Rey llega para hacernos una invitación, la más honorable que podríamos recibir: sentarnos a su mesa todos los días.

La mesa del rey David no solo era importante por ser justamente el rey; sentado allí, nadie vería la condición de lisiado que Mefi-boset padecía. Ya no estaría en un lugar que no tiene absolutamente ningún tipo de riqueza, estaría sentado en la mesa más abundante de todo el reino. Hoy Jesús nos invita a su mesa, donde aquello que nos invalidó ya no importa, ya no es visto, Él cubre nuestra vergüenza con su inagotable amor. Él nos saca de nuestra tierra de desierto, de nuestro olvido, de nuestro abandono, donde nosotros mismos olvidamos que somos descendientes del Rey de reyes. Y nos lleva a un lugar de plenitud, comunión y llenura.

La Palabra dice que en su presencia hay plenitud de gozo, a ese lugar nos invita nuestro Rey. En su presencia, su amor es sobreabundante, amor que cubre multitud de errores, presencia que nos liberta. Sin importar lo que hayas vivido, cuán fuerte hayas caído y cuán destrozado pueda estar tu corazón, una y otra vez Él nos lleva a su mesa si nos arrepentimos de corazón. Tal vez ya te sentaste ahí, pero hace tiempo que estás "vacacionando" en una tierra sin pasturas. Es tiempo de volver a casa, el Rey nos espera. ¿Aceptás la invitación? ¡Hay una mesa abundante preparada para vos!

PARA PENSAR. ¿ESTÁS DISFRUTANDO DE LA MESA QUE EL SEÑOR TIENE PREPARADA PARA VOS CADA DÍA? ¿QUÉ PESA MÁS?, ¿AQUELLO QUE TE AVERGONZABA O LA GRACIA DE DIOS QUE TE LLAMA?

DÍA 9
DE PESCADORES A DISCÍPULOS

¡Qué locura! Estás trabajando, un hombre totalmente desconocido llega, te dice que lo sigas, ¡dejás todo y lo seguís! ¿Por qué Simón y Andrés tomaron semejante decisión? Jesús era un maestro, ellos lo sabían. ¿Pero qué tiene de especial este llamado? Esta transformación es maravillosa.

Para los judíos, llegar a ser discípulos de un rabí era un proceso largo, duro y exigente que no todos lograban superar. Cuando no lo conseguían, se dedicaban a la tarea familiar, en este caso la pesca. Ellos no habían dado con la talla, no habían sido lo suficientemente buenos para ser discípulos de un maestro, habían sido rechazados para esa tarea. Pero un día llega Jesús y todo cambia, llega un maestro que los cree lo suficientemente buenos como para ser sus discípulos, que cree en el potencial que hay en ellos. La invitación de Jesús no fue cualquiera, cambió su identidad, les dio honra y honor. Fue una invitación que los transformó de insuficientes a suficientes, de incapaces a capaces, de rechazados a aceptados.

El hecho de que un maestro aceptara a un muchacho como discípulo, significaba que el maestro creía que este era capaz de ser como él, que tendría lo necesario para ser su imitador y seguir sus pisadas. Hoy Jesús nos transforma, cambia cada momento de nuestra vida donde sentimos que no éramos lo suficientemente buenos para nada, y nos dice: "Yo creo que sos capaz de ser como yo". ¡Guau! Hoy Jesús nos invita a seguirlo y esta invitación tira por tierra el rechazo que vivimos, cada fracaso que experimentamos, y nos da honor, nos da honra, y a nosotros nos corresponde devolverla a Él. Fuimos elegidos para ser como Él.

Para Él somos suficientes.

NOTAS

DÍA 10
DE DISCÍPULOS A APÓSTOLES

HABIENDO REUNIDO A SUS DOCE DISCÍPULOS, LES DIO PODER Y AUTORIDAD SOBRE TODOS LOS DEMONIOS, Y PARA SANAR ENFERMEDADES. Y LOS ENVIÓ A PREDICAR EL REINO DE DIOS, Y A SANAR A LOS ENFERMOS. VUELTOS LOS APÓSTOLES, LE CONTARON TODO LO QUE HABÍAN HECHO...
–LUCAS 9:1–2,10 RVR60

Hay algo en ocho versículos que cambió: Jesús envió discípulos, pero pocos pasajes después nos encontramos con que volvieron apóstoles. ¿Qué significa esto? Que hay más, con Jesús siempre hay más. Su amor siempre puede ir un poco más profundo, siempre puede avanzar un poco más.

Discípulo significa "seguidor"; *apóstol* significa "enviado". Hay un proceso en la vida cristiana que todos necesitamos vivir: el de ser discípulos, aprender a ser seguidores de Jesús, escuchar sus enseñanzas, aprender lo que dice su Palabra. Pero su amor derramado en la cruz nos revela que Él murió por más, su entrega nos habilitó para ir un paso más lejos. ¿Qué fue lo que transformó a los discípulos en apóstoles? Fueron *enviados* para sanar enfermos, echar fuera demonios y predicar el reino de Dios, y efectivamente lo hicieron. Jesús quiere invitarte a que no solo puedas ser su seguidor, hoy Él te dice que quiere enviarte al mundo con una misión: ser su representante, hacer las obras que Él hizo y más. No es por nuestros méritos, es por su gracia.

El sacrificio en la cruz fue tan suficiente que nos da acceso a todo lo que está en la mano de Papá. Y hoy esto es lo que Papá quiere ofrecerte: ser su enviado. A Él no le interesan tus habilidades, ni tus errores, ni tus debilidades, le interesa tu corazón dispuesto a seguir sus pasos y a escuchar su voz. ¿Estás dispuesto? No se trata de vos, se trata de su amor fluyendo a través de tu vida de tal manera que alcance a quienes más están necesitando de Jesús.

Ya no somos solo seguidores, somos enviados.

PARA PENSAR. ¿ACEPTÁS EL LLAMADO DE JESÚS A NO SOLO SEGUIRLO, SINO TAMBIÉN IR? ¿ESTÁS DISPUESTO A SER INSTRUMENTO DE TRANSFORMACIÓN EN LAS MANOS DE DIOS?

DÍA 11
DE CONDENADOS A LIBRES

Ya no estamos condenados, ¡somos libres! ¿Será que realmente estamos entendiendo semejante maravilla? ¿Será que realmente vivimos como personas libres y ya no condenadas? Creo que esta verdad a veces se nos escapa. El pecado es algo real, existe, convivimos con él. Pero su poder sobre nuestra vida ya no es suficiente, el poder del Espíritu Santo nos libertó, léase en tiempo *pasado*. Ya fue hecho. Necesitamos entender lo que Pablo nos quiso decir cuando dijo: "Y si hago lo que no quiero, ya no lo hago yo, sino el pecado que mora en mí". Él pudo entender que ya no se trataba de su persona, entendió que el pecado no era su identidad, ya no lo definía.

Tu corazón está siendo constantemente transformado. Fuiste liberado del poder que lo corrompía, le pertenecés a Jesús. Vas a seguir luchando contra el pecado, sí, pero desde tu libertad, ya no encerrado en esa oscura prisión. Entender que somos libres nos habilita a luchar sabiendo el resultado de la batalla. Ya no hay condenación sobre tu vida, como dice Romanos 8:34:

ENTONCES, ¿QUIÉN NOS CONDENARÁ? NADIE, PORQUE CRISTO JESÚS MURIÓ POR NOSOTROS Y RESUCITÓ POR NOSOTROS, Y ESTÁ SENTADO EN EL LUGAR DE HONOR, A LA DERECHA DE DIOS, E INTERCEDE POR NOSOTROS.

La Palabra enseña que el Espíritu Santo produce arrepentimiento, palabra que significa "cambio de mentalidad". Ahí está su amor transformándonos nuevamente. La culpa solo es resultado de la condenación del enemigo, no le des el derecho a acusarte, ese derecho ya le fue quitado, no se lo devuelvas.

Sos libre.

PARA PENSAR. ¿EL ENEMIGO TE HA HECHO CREER QUE NO SOS LIBRE? ¿TE HAS SENTIDO CONDENADO POR LA CULPA DEL PECADO? ¿CREÉS QUE EL SACRIFICIO DE JESÚS FUE SUFICIENTE PARA LIBRARTE? ¡YA NO HAY MÁS CULPA!

DÍA 12
DE DÉBILES A FUERTES

Qué hermoso es Dios, qué diferentes son las reglas en su reino. Pensemos en la noche que se vive en el medio del campo, sin nubes, sin luces de una ciudad que la empañen; una noche de profunda oscuridad donde la luna brilla en su total esplendor y las estrellas la acompañan, pintando un cielo de película. Es así, en esa oscuridad, que estas bellas luces nocturnas pueden brillar. Lo mismo pasa en nuestra vida, es en el momento más oscuro donde Dios brilla con más fuerza, y es ahí donde somos fuertes.

Esto no se trata de nuestra propia fuerza, ni de nuestra propia valentía, esto se trata de Él transformando nuestra debilidad en fortaleza. Reconocer que somos débiles habilita al Señor a manifestar su poder, prepara el escenario para que Él obre. Entendemos que el Dios que no puede ser contenido por los cielos, eligió venir a morar en nosotros, tan finitos y frágiles. Esta es la clave de todo. Él mora en vos y en mí, y cuando su fortaleza comienza a surgir, comienza a moverse en nuestro interior, somos su templo.

Es el Espíritu Santo, que vive en nosotros, quien nos da la fortaleza que necesitamos en los momentos más cruciales; es Él quien nos levanta en ese momento de debilidad y nos dice: "¡Sos fuerte, porque yo me fortalezco en tu debilidad! ¿Y sabés qué? ¡Somos uno!".

ÉL DA PODER A LOS INDEFENSOS Y FORTALEZA A LOS DÉBILES. HASTA LOS JÓVENES SE DEBILITAN Y SE CANSAN, Y LOS HOMBRES JÓVENES CAEN EXHAUSTOS. EN CAMBIO, LOS QUE CONFÍAN EN EL SEÑOR ENCONTRARÁN NUEVAS FUERZAS; VOLARÁN ALTO, COMO CON ALAS DE ÁGUILA. CORRERÁN Y NO SE CANSARÁN; CAMINARÁN Y NO DESMAYARÁN.
–ISAÍAS 40:29-31

¡Su amor llegó para transformar nuestra debilidad en fortaleza!

PARA PENSAR. ¿ESTÁS CANSADO DE ESFORZARTE TANTO? ¿SERÁ QUE ESTÁS INTENTANDO POR TUS PROPIAS FUERZAS? ¿SERÁ QUE ESTÁS OLVIDANDO QUE ES DIOS QUIEN SE FORTALECE EN VOS?

DE LÁGRIMAS A GRITOS DE ALEGRÍA

LOS QUE SIEMBRAN CON LÁGRIMAS COSECHARÁN CON GRITOS DE ALEGRÍA
–SALMO 126:5

Los procesos de transformación por los cuales el Señor nos lleva a caminar no son para nada sencillos. Siempre dije que no me gustan los procesos, pero debo admitir una cosa: amo los resultados. Caminar por donde Él nos lleva deja ese camino empapado de lágrimas, de noches llenas de preguntas, de clamores a veces silenciosos, otras veces tan fuertes que nos quedamos sin voz. Pero tenemos una esperanza: Él transforma nuestras lágrimas en gritos de alegría, nuestra tristeza se convierte en baile.

Así como en el Génesis el caos no era el resultado final para nuestro mundo, así como el desierto no era el resultado final para el pueblo de Israel, así como la cruz no fue el resultado final para Jesús, las lágrimas no son el resultado final de esta historia. Hay una tierra prometida, hay una promesa pronta a cumplirse, hay gritos de alegría que se empiezan a escuchar. Creer en esto no es ser positivistas, es creer en un Dios que es fiel a su Palabra y no va a dejar las cosas a medio terminar. Si Él prometió gritos de alegría, gritos de alegría vendrán.

Que tu fe hoy fije sus ojos en Jesús, en el autor y consumador de la fe, en aquel que es fiel en completar lo que comenzó. En aquel que promete que al final de este tiempo de procesos, tus lágrimas van a ser transformadas por su amor sobrenatural y de tu boca saldrá una alegría inimaginable que va a ser escuchada en cada rincón.

Tal vez no sea este un tiempo de sembrar lágrimas, sino de cosechar con alegría; si es así, que esto nos ayude a mirar hacia atrás, ver la fidelidad de Dios y adorarlo por quién es Él.

¡Gritemos con alegría, Jesús es fiel!

PARA PENSAR. ¿EN QUÉ TIEMPO ESTÁS CAMINANDO HOY? ¿QUÉ VERDADES NECESITÁS AFIRMAR? ¿CREÉS QUE ALGUIEN NECESITE SER AFIRMADO CON ESTA VERDAD? ¡NO ESPERES MÁS PARA HACERLO!

NOTAS

DÍA 14
DE ORGULLOSOS A HUMILDES

BUENO ME ES HABER SIDO HUMILLADO, PARA QUE APRENDA TUS ESTATUTOS.
–SALMO 119:71 RVR60

El amor de Dios nos transforma, pero no solo transforma aquellas cosas que nosotros estamos ansiosos por cambiar, transforma incluso aquello que más nos cuesta dejar. El orgullo ha sido herramienta del enemigo desde el principio de los tiempos. Fue la razón de su caída, fue el punto que tocó en Adán y Eva al sugerirles que podrían ser como Dios al comer del fruto. El orgullo no hace más que destruir el puente que Jesús construyó entre nosotros y el Padre por medio de la cruz. ¿Pero qué es lo que nos está diciendo el salmista en este pasaje? ¿Que es bueno haber sido humillado? Pareciera que algo no está bien, pero no, todo está bien.

No sé en qué momento de tu vida estarás al leer esto, pero sí sé una cosa: es bueno ser humillados delante de Él. ¿Por qué? Porque eso nos acerca a su persona, nos recuerda nuestra condición dependiente del Señor y de su infinito amor. Tal vez estés pasando, o quizá ya hayas pasado, uno de esos procesos donde sentimos que todo lo que nos daba seguridad se esfumó casi mágicamente. Todo lo que podía ser un sustento, desapareció. Todo lo que parecía ser nuestra fortaleza, cayó como un castillo de naipes. No te preocupes, Papá está al control. Descubrí en este proceso, cómo su amor te atrae hacia su corazón con lazos de ternura. En medio de ese profundo dolor, descubrí cómo Él se acerca con dulzura y te susurra: "Tranquilo, Papá está acá".

El amor de Dios nos transforma, sí, solo que a veces no resulta tan agradable el proceso. Pero tranquilo, Él está al control. Y todo esto va a dar un maravilloso resultado: tu corazón va a ser transformado conforme al suyo.

Que el Señor nos dé un corazón humilde para no olvidar jamás cuánto lo necesitamos.

PARA PENSAR. ¿ALGUNA VEZ HABÍAS PENSADO QUE ERA BUENO SER HUMILLADO DELANTE DE DIOS? ¿HAS TENIDO EXPERIENCIAS DONDE EL DOLOR TE HA LLEVADO A ENTENDER MEJOR QUIÉN ES ÉL? ¿CÓMO PODRÍAS USAR ESOS MOMENTOS PARA BENDECIR A OTROS?

DÍA 15
DE SUPLANTADORES A AQUELLOS QUE HAN VISTO A DIOS

'TU NOMBRE YA NO SERÁ JACOB' LE DIJO EL HOMBRE. 'DE AHORA EN ADELANTE, SERÁS LLAMADO ISRAEL, PORQUE HAS LUCHADO CON DIOS Y CON LOS HOMBRES, Y HAS VENCIDO'
–GÉNESIS 32:28

No sé si vos alguna vez te sentiste como Jacob, precedido por un historial que querrías olvidar. Jacob tenía la costumbre de conseguir las cosas de manera errada, por el camino más corto. Su nombre se lo conoce como "suplantador/impostor", aunque literalmente significa "mano en el talón", así fue como nació, tomado del talón de su hermano Esaú. Jacob se cansó de ser quien era, se cansó de su identidad, se cansó de ir por lo fácil. Dios sabía bien lo que estaba sucediendo en su corazón y decidió revelar un poco de su gloria. El ángel quería irse, pero Jacob se negó a soltarlo hasta que lo bendijera. Curiosamente, lo soltó cuando escuchó que su nombre había sido cambiado.

Jacob quería liberarse de su vieja identidad, ya no quería ser quien era. Tenía cosas de las cuales realmente estaba arrepentido y ya no quería que su historia lo definiera. Creo que no existe una sola persona en este mundo que no tenga de qué arrepentirse, que no tenga ni una sola cosa que quiera borrar de su historia. La buena noticia es que en ese momento que Dios irrumpe, que se nos presenta (sí, Jacob ni siquiera lo estaba buscando, Dios lo buscó a él), nos da un nuevo nombre, una nueva identidad.

Dios no nos llama por nuestro pasado, no nos llama por nuestro pecado, todo eso quedó atrás. Ahora nos llama su pueblo escogido, ahora somos parte de un Israel espiritual. Ahora somos parte de aquellos que hemos visto a Dios.

Su amor vino a nuestro encuentro y nos dio el honor de descubrirlo.

PARA PENSAR. HOY QUIERO DEJARTE UN DESAFÍO: COMPARTIRLE A TRES PERSONAS QUE NO CONOZCAN A JESÚS LO QUE ÉL HIZO EN VOS, Y CONTARLES CÓMO ÉL CAMBIÓ TU HISTORIA. ¿TE ANIMÁS?

AMOR QUE LIBERTA

PARTE 7

DÍA 1
¡LAS BUENAS NOTICIAS LLEGARON! I

EL ESPÍRITU DE JEHOVÁ EL SEÑOR ESTÁ SOBRE MÍ, PORQUE ME UNGIÓ JEHOVÁ; ME HA ENVIADO A PREDICAR BUENAS NUEVAS A LOS ABATIDOS, A VENDAR A LOS QUEBRANTADOS DE CORAZÓN, A PUBLICAR LIBERTAD A LOS CAUTIVOS, Y A LOS PRESOS APERTURA DE LA CÁRCEL.
–ISAÍAS 61:1 RVR60

Se vienen otros quince días para nuevos encuentros con el amor de Papá, lo que anhelo para este tiempo es que podamos afondarnos en este *amor que liberta*. ¿Y en quién más podría pensar sino en Jesús, nuestro libertador y salvador?

El profeta Isaías escribió esta profecía refiriéndose a Jesús y fue la primera porción de las Escrituras que Él eligió para leer en la sinagoga, revelándose a sí mismo como el enviado de Jehová. ¿Qué es lo que está queriendo decirnos?

En primer lugar, nos habla de la unción que hay sobre Él; la unción es símbolo de bendición, protección y poder. Jesús nos está diciendo que le fue dado poder para hacer todo lo que dice a continuación. ¡Hay poder en Él!

Le fue dada toda la autoridad necesaria para poder llevar a cabo su misión de traernos libertad por sobre la muerte y el pecado. Si el mismo Dios hecho hombre descendió a la Tierra para traernos este mensaje de salvación, si Él mismo dijo que venía a cumplir cada una de estas cosas, ¿cómo no confiar? ¿Cómo no alegrarnos? ¿Cómo no creerle? Él no es hombre para que mienta, ni hijo de hombre para que se arrepienta, Él es la esperanza viva, el principio y el fin, por medio de quien fueron hechas todas las cosas.

¡Las buenas noticias llegaron! Hay poder en Jesús, poder que le fue dado para libertarnos a vos y a mí, para quebrar las cadenas que nos aprisionan. No importa cuán difícil parezca, no importa cuán fuertes parezcan las paredes que nos rodean, Jesús es poderoso para salvar. ¡Tenemos esperanza en Él!

PARA PENSAR. ¿QUÉ PRODUCE EN TU CORAZÓN RECORDAR LAS BUENAS NUEVAS DE JESÚS? ¿QUÉ PALABRAS QUERRÍAS DECIRLE A JESÚS SI LO TUVIERAS CARA A CARA? QUIZÁ NO LO PUEDAS VER, PERO ESTÁ CERCA PARA ESCUCHARTE Y PARA QUE PUEDAS EXPRESARLE LA GRATITUD QUE ÉL MERECE.

DÍA 2

¡LAS BUENAS NOTICIAS LLEGARON! II

EL ESPÍRITU DE JEHOVÁ EL SEÑOR ESTÁ SOBRE MÍ, PORQUE ME UNGIÓ JEHOVÁ; ME HA ENVIADO A PREDICAR BUENAS NUEVAS A LOS ABATIDOS, A VENDAR A LOS QUEBRANTADOS DE CORAZÓN, A PUBLICAR LIBERTAD A LOS CAUTIVOS, Y A LOS PRESOS APERTURA DE LA CÁRCEL.
—ISAÍAS 61:1 RVR60

Una de las cosas que me maravillan de la Biblia es cómo tan solo un pasaje puede hablarnos tanto, revelarnos tanto del amor de Dios en cada una de sus palabras. Y como es así, vamos a seguir ahondando un poco más en este.

Ayer entendimos que hay poder en Jesús para hacernos libres, la pregunta es: ¿de qué? Jesús fue enviado a traer buenas nuevas para los abatidos, es decir, para personas que perdieron el ánimo, personas que ya no tienen fuerzas, con el alma entristecida. El mensaje que Jesús hoy levanta como estandarte en tu vida y en la mía viene a traernos libertad del desánimo, ese que ataca cuando aún no vemos sus promesas cumplirse y nos invade esa sensación de que no vamos a vivir lo suficiente para verlas.

Viene a traernos libertad del desaliento, ese que llega para susurrarnos al oído: "dejá de soñar tanto, poné los pies sobre la tierra, no estás hecho para esto". Jesús llega con un poderoso mensaje que viene a libertarnos de la tristeza que inunda nuestro corazón cuando la acusación llega a decirnos que fallamos otra vez, que siempre vamos a volver a fracasar, que jamás vamos a ganar esa batalla que tantas veces peleamos. Jesús hoy llega a gritarle: "¡Basta!", a todas esas voces que hasta ahora atormentaron nuestro corazón en tantas ocasiones y nos hace libres de cada una de ellas, una vez y para siempre. Ya fue hecho en la cruz.

Dejá que Él se ponga delante como escudo, como fortaleza. Él llegó para librarte de esto.

Llegó el tiempo de celebrar, ¡somos libres!

PARA PENSAR. ¿EN QUÉ NECESITÁS ESCUCHAR ESE "¡BASTA!" DE JESÚS? ¿A QUÉ MENTIRAS QUERÉS PONERLE LÍMITES HOY PARA CREER EN LA LIBERTAD DEL SEÑOR? ¡DEJÁ QUE SU VOZ HABLE MÁS FUERTE!

DÍA 3
¡LAS BUENAS NOTICIAS LLEGARON! III

Sí, vamos a seguir exprimiendo este versículo. ¡Me encanta!

Entiendo que la Biblia habla en otros pasajes sobre tener un corazón quebrantado delante de Dios, refiriéndose a un corazón humilde que reconoce su necesidad de Él. Sin embargo, creo en este caso que un corazón humilde no necesita ser vendado. Creo que se está refiriendo realmente a un corazón herido. Algunos de los sinónimos de *quebrantado* son: vencido, roto, perdido, dolorido. Es algo que fue quebrado con mucha fuerza, un corazón así necesita ser vendado.

El amor de Dios viene a librarnos de nuestro dolor, Él conoce nuestra historia, las batallas que luchamos y cuán heridos salimos de ellas. Todo soldado vuelve a casa con rastros en su cuerpo de lo que fue la guerra, así también nuestro corazón, es decir, nuestra voluntad, nuestras emociones y pensamientos. Hay luchas que debilitaron nuestra voluntad, la dejaron astillada de fracasos, desaciertos y con pocas ganas de volver a pelear. Hay experiencias que afectaron nuestras emociones, levantando murallas a nuestro alrededor, impidiéndole incluso a Jesús que las atraviese. Y, sin duda alguna, cada cosa vivida afectó profundamente nuestra manera de pensar, tiñendo muchas veces nuestros pensamientos con temor, con dudas, con inseguridades, con mentiras que el enemigo se encargó de sembrar.

La buena noticia es que Jesús vino para libertar nuestro corazón de todo esto, vendarlo y traer sanidad. Solo basta ponerlo en sus manos.

¡Nuestros corazones están listos para ser vendados y sanados!

DÍA 4

¡LAS BUENAS NOTICIAS LLEGARON! IV

EL ESPÍRITU DE JEHOVÁ EL SEÑOR ESTÁ SOBRE MÍ, PORQUE ME UNGIÓ JEHOVÁ; ME HA ENVIADO A PREDICAR BUENAS NUEVAS A LOS ABATIDOS, A VENDAR A LOS QUEBRANTADOS DE CORAZÓN, A PUBLICAR LIBERTAD A LOS CAUTIVOS, Y A LOS PRESOS APERTURA DE LA CÁRCEL.
—ISAÍAS 61:1 RVR60

La Palabra es viva y eficaz, y Jesús todavía tiene mucho más para enseñarnos sobre lo que vino a hacer por vos y por mí, caminemos juntos un poco más.

"A publicar libertad a los cautivos". Si buscamos lo que significa *cautivo* en el diccionario, nos va a decir que es una persona retenida en un lugar a la fuerza, en contra de su voluntad. ¿Ya estuviste en un lugar así? Cuando era chiquita y me llevaban a los cumpleaños de los amigos de mis papás, no me gustaba ir, me sentía así. Algunos me gustaban, tenían cosas ricas para comer y quizá alguna amiga para jugar. Pero varias veces no tenía ganas de estar en una reunión de grandes donde no podía entender nada; sin embargo, tampoco tenía mucha opción, era chiquita justamente.

Hay lugares en lo espiritual que nos mantienen cautivos, retenidos a la fuerza, en contra de nuestra voluntad, y Jesús vino a sacarnos de ahí. Puede que en esos lugares encontremos algo que en cierto punto nos atrae, es un lugar conocido, seguro, pero sabemos bien que no es el mejor lugar, sabemos que no fuimos diseñados para estar ahí. A veces son lugares que construimos para protegernos de ser lastimados, pero nuestra alma está cansada de estar escondida. Tal vez sean lugares donde parece que la vida nos arrastró hasta ahí y no sabemos cómo salir, cautivos de un pecado, de mentiras, de miedos, de tantas cosas.

Hoy Jesús nos invita a tomarnos de su mano, mano fuerte para salvar, brazo extendido para rescatar, tan lleno de amor que liberta.

¿Y si le decimos que sí?

PARA PENSAR. ¿ALGUNA VEZ TE SENTISTE CAUTIVO? ¿CÓMO TE SENTÍS HOY EN DÍA? ¿VIVÍS EN PLENA LIBERTAD O NECESITÁS QUE DIOS TRAIGA LIBERTAD EN ALGÚN PUNTO DE TU VIDA?

DÍA 5
¡LAS BUENAS NOTICIAS LLEGARON! V

¡Ya casi terminamos nuestras sesiones de buceo en este pasaje! ¡Pero todavía podemos ir más profundo!

"A los presos apertura de cárcel". El enemigo tiene un sinfín de cárceles para ofrecernos, algunas son personales; también están las relacionales y las sociales. Arranquemos de adentro para afuera. ¿A qué me refiero con cárceles personales? Me refiero a aquellas que tienen que ver con nuestra identidad, con cómo nos vemos frente al espejo, con las luchas que tenemos en el día a día respecto de quiénes somos. En las paredes de estas cárceles retumban frases como "no valés nada", "no tenés nada para ofrecer", "¿de verdad creés que Dios puede hacer algo con tu vida?", "mirá lo que sos" (con ese tono burlón y despectivo que hiere hasta lo más profundo).

Hoy este amor que liberta, este amor profundo, inmensurable, incontenible, ilimitado e incondicional, viene a abrazarte. Viene a abrazarte con tanta fuerza que los barrotes de tu cárcel comienzan a temblar, empiezan a caer las cadenas que te aprisionaban. Ese amor inamovible llega para hacerte saber que tu vida vale la sangre de Jesús, viene a susurrarle a tu corazón cansado que Él pagó el más alto precio para darte libertad de cada mentira que el enemigo plantó en tu corazón. Su amor llega con ternura a decirte cuán precioso sos, cuán amado sos por Él y cuántas maravillas Él tiene planeadas para tu vida.

"ENTREGUÉ A OTROS A CAMBIO DE TI. CAMBIÉ LA VIDA DE ELLOS POR LA TUYA, PORQUE ERES MUY PRECIOSO PARA MÍ. RECIBES HONRA, Y YO TE AMO" (ISAÍAS 43:4).

¡Su amor nos hace libres!

PARA PENSAR. TE PROPONGO HACER UN EJERCICIO CON UNA LISTA DE MENTIRAS QUE HAS CREÍDO QUIZÁ POR MUCHO TIEMPO Y, POR OTRO LADO, LA LISTA DE VERDADES QUE DIOS DICE DE VOS, QUE CONTRADICE TODA ESA LISTA DE MENTIRAS. ¡CONOCER LA VERDAD NOS HACE LIBRES!

DÍA 6

¡LAS BUENAS NOTICIAS LLEGARON! VI

Estamos yendo más profundo de lo que yo pensaba al comienzo de estos días. ¡Amo las sorpresas de Dios!

Ayer hablamos de las cárceles personales, hoy quiero hablar de las cárceles relacionales. Estas tienen que ver justamente con los vínculos que tenemos. Hay relaciones que dejan marcas en nuestras vidas, algunas buenas, otras no tanto. Las no tan buenas son aquellas de las que Jesús nos quiere librar. A veces somos presos por nuestra manera de relacionarnos; o bien, de la forma en que se relacionaron con nosotros. Quizá personas que debían cuidarte no lo hicieron, debían protegerte, pero hicieron todo lo contrario. Quienes debían decirte palabras de amor, te dijeron palabras de desprecio. Tal vez cuando necesitabas un abrazo, recibiste un cachetazo, no lo sé. A lo mejor no fue algo físico, pero las palabras dolieron tanto como un buen golpe.

Y puede que todo eso haya quedado depositado en tu corazón, anclado en lo más profundo, y son cosas que hasta el día de hoy no podés perdonar. La falta de perdón nos va comiendo por dentro, no nos permite avanzar, nos impide seguir adelante, quedamos atados al pasado y lo traemos constantemente a nuestro presente.

La obra que Jesús quiere consumar en tu corazón y en el mío, necesita un aporte muy importante de nuestra parte: decidir perdonar, elegir soltar. ¿Estás dispuesto? El amor en aquel madero fue tan grande que nos trajo perdón y salvación, perdonar es honrar esa cruz. ¡Perdonar libera!

DÍA 7
¡LAS BUENAS NOTICIAS LLEGARON! VII

EL ESPÍRITU DE JEHOVÁ EL SEÑOR ESTÁ SOBRE MÍ, PORQUE ME UNGIÓ JEHOVÁ; ME HA ENVIADO A PREDICAR BUENAS NUEVAS A LOS ABATIDOS, A VENDAR A LOS QUEBRANTADOS DE CORAZÓN, A PUBLICAR LIBERTAD A LOS CAUTIVOS, Y A LOS PRESOS APERTURA DE LA CÁRCEL.
−ISAÍAS 61:1 RVR60

Casi el final del recorrido, anteúltima parada.

Cárceles sociales, estas son sumamente actuales y a la vez de antaño. Las cárceles sociales tienen que ver con nuestro entorno y cuán dependientes somos de este. Vivimos en tiempos de una terrible influencia social, todo gira en torno a las redes sociales y toda clase de medios de comunicación. Esta cultura de la cuantificación de aprobación por medio de un botón en Facebook o Instagram lo único que logra es empeorar la necesidad que tenemos de ser aprobados por nuestro alrededor.

Hay algo que el Señor depositó desde el inicio en el diseño de nuestros corazones: la necesidad de depender y de relacionarnos. Ahora bien, sabemos que el enemigo ama distorsionar todo lo que era originalmente hermoso; él era precioso, pero perdió su belleza; por eso no sabe llevarse bien con la hermosura de Dios expresada en el hombre. Esto que el Padre puso en nosotros fue para que algo siempre nos recordara la necesidad que tenemos de depender de Él, ser uno con Él, y permanecer unidos a la vid. Sin embargo, recibimos tanta información de la sociedad que nos rodea que terminamos olvidando quién Dios dice que somos, creyendo estereotipos sociales que son bastante difíciles de alcanzar. Esto resulta sumamente frustrante.

Hoy Papá quiere llevarnos a ser libres de toda presión social en el lugar donde nos encontremos, libres de sostener una imagen que no es real, de depender del qué dirán; para que podamos ser quien Él dice que somos y así disfrutar sin cargar un peso innecesario.

¡Dependemos solo del Señor!

PARA PENSAR. ¿TE HAS SENTIDO CONDICIONADO POR LA MIRADA EXTERNA? ¿TE PESA ACTUALMENTE LA OPINIÓN DE TU ENTORNO AL PUNTO DE SENTIRTE PRESIONADO O INTIMIDADO? ¿A QUIÉN QUERÉS DARLE LA AUTORIDAD DE DETERMINAR TU VIDA?

DÍA 8

¡LAS BUENAS NOTICIAS LLEGARON! VIII

EL ESPÍRITU DE JEHOVÁ EL SEÑOR ESTÁ SOBRE MÍ, PORQUE ME UNGIÓ JEHOVÁ; ME HA ENVIADO A PREDICAR BUENAS NUEVAS A LOS ABATIDOS, A VENDAR A LOS QUEBRANTADOS DE CORAZÓN, A PUBLICAR LIBERTAD A LOS CAUTIVOS, Y A LOS PRESOS APERTURA DE LA CÁRCEL.
—ISAÍAS 61:1 RVR60

Ahora sí, final del recorrido. ¡Llegamos!

Si la bruja supiera lo que significa realmente el sacrificio, habría interpretado la Gran Magia de otro modo. Cuando una víctima dispuesta e inocente muere, en vez de un traidor, la Mesa de Piedra se romperá y hasta la misma muerte se invertirá.

Sin contarte la película entera, quiero desarmar esta frase que tanto me gusta de la película *Narnia: El león, la bruja y el ropero*. Había un traidor en el reino que debía morir, pagar por su falta, su vida le correspondía a la bruja. Sin embargo, Aslan, el gran león, el verdadero rey de Narnia, se ofreció a morir en su lugar. La bruja creía que había vencido, había derrotado al rey. Sin embargo, algo sucede y Aslan nos da una lección: el verdadero significado del sacrificio. Al morir un inocente en lugar de un traidor, la muerte se vio obligada a retroceder.

Hoy quiero hablarte del verdadero significado del sacrificio en la cruz. Vos y yo somos aquellos traidores que debíamos morir por nuestra traición, pero Jesús estuvo dispuesto a morir por vos y por mí. La muerte que nos merecíamos por nuestro pecado tuvo que retroceder. El verdadero significado del sacrificio en la cruz es *la libertad*. Antes del sacrificio estábamos presos, condenados por nuestra condición. Pero después del sacrificio todo cambió. Espero que después de lo recorrido hasta acá, no quede ni una sola duda de que sos libre en Jesús, sin importar cuán grandes hayan sido tus cadenas. ¡La cruz es libertad!

PARA PENSAR. HOY QUIERO SIMPLEMENTE ANIMARTE A QUE PUEDAS SEPARAR UN TIEMPO DE ADORACIÓN E INTIMIDAD CON DIOS DE MANERA ESPECIAL, PARA AGRADECERLE A JESÚS POR SU SACRIFICIO, A PAPÁ POR HABER ENTREGADO A SU HIJO Y AL ESPÍRITU SANTO POR PERMITIRNOS ENTENDER ESTA VERDAD. SIN PEDIRLE NADA, SOLO AGRADECER.

DÍA 9
¡ALLÍ HAY LIBERTAD!

PUES EL SEÑOR ES EL ESPÍRITU, Y DONDE ESTÁ EL ESPÍRITU DEL SEÑOR, ALLÍ HAY LIBERTAD. ASÍ QUE, TODOS NOSOTROS, A QUIENES NOS HA SIDO QUITADO EL VELO, PODEMOS VER Y REFLEJAR LA GLORIA DEL SEÑOR. EL SEÑOR, QUIEN ES EL ESPÍRITU, NOS HACE MÁS Y MÁS PARECIDOS A ÉL A MEDIDA QUE SOMOS TRANSFORMADOS A SU GLORIOSA IMAGEN.
–2 CORINTIOS 3:17-18

¿Decime si no es maravilloso saber que Él nos hace más y más parecidos a Él? Tenemos el privilegio de haber conocido al Señor, y al conocerlo, encontrar libertad en su presencia. No solo eso, sino que gracias a que el velo fue quitado, además de ver su gloria, podemos reflejarla.

En medio de este proceso en que estamos conociendo su amor que liberta, es necesario que entendamos que, al haber sido libres, el Espíritu Santo también está sobre nosotros (como lo estuvo sobre Jesús) para llevar libertad a los cautivos. Vos y yo tenemos el privilegio de revelar la gloria del Señor y así poder ser usados para el cumplimiento de su Palabra:

ASÍ COMO LAS AGUAS LLENAN EL MAR, LA TIERRA SE LLENARÁ DEL CONOCIMIENTO DE LA GLORIA DEL SEÑOR.
–HABACUC 2:14

La tierra está esperando la manifestación de los hijos de Dios, es tiempo de llevar la libertad que nosotros tuvimos el privilegio de conocer para aquellos que aún permanecen presos, aquellos que aún viven en opresión, quienes pasan sus días bajo el gobierno del enemigo y no saben que hay una respuesta para ser libres de él.

PERO ¿CÓMO PUEDEN ELLOS INVOCARLO PARA QUE LOS SALVE SI NO CREEN EN ÉL? ¿Y CÓMO PUEDEN CREER EN ÉL SI NUNCA HAN OÍDO DE ÉL? ¿Y CÓMO PUEDEN OÍR DE ÉL A MENOS QUE ALGUIEN SE LO DIGA?
–ROMANOS 10:14

¡Somos portadores de libertad!

PARA PENSAR. ¿ESTÁS SIENDO OSADO Y VALIENTE PARA PROCLAMAR A JESÚS? ¿ESTÁS SIENDO PARTE DE QUIENES REFLEJAN AL SEÑOR PARA DARLO A CONOCER? ¿DE QUÉ MANERA LO ESTÁS HACIENDO? SI LE PREGUNTARAS A TU ENTORNO NO CRISTIANO, ¿QUÉ DIRÍAN?

DÍA 10
¡DE PRONTO!

A LA MEDIA NOCHE, PABLO Y SILAS ESTABAN ORANDO Y CANTANDO CANCIONES A DIOS, Y LOS OTROS PRISIONEROS LOS ESCUCHABAN. DE PRONTO, HUBO UN TEMBLOR DE TIERRA MUY GRANDE, TAN FUERTE QUE LOS CIMIENTOS DE LA CÁRCEL TEMBLARON CON FUERZA. ENTONCES TODAS LAS PUERTAS DE LA CÁRCEL SE ABRIERON Y LAS CADENAS DE LOS PRESOS SE SOLTARON.
—HECHOS 16:25-26 PDT

Jamás recibí castigos del tipo "quedarme encerrada en mi cuarto" (la verdad, creo que nunca me castigaron); pero imagino que, si hubiese sido así, habría intentado cantar algún tema de adoración a ver si por casualidad la casa temblaría y la puerta del cuarto se abriría.

Pablo y Silas habían recibido un castigo por ser mensajeros de Jesús y estar trastornando el mundo, y aun así tenían ánimo para orar y cantarle al Señor. Estos hombres amaban tanto a Dios que ser presos por su causa era una honra, y qué mejor que honrar al Señor cantándole a pesar de estar en esa situación. Lo que ellos no se esperaban era lo que seguiría después: de pronto un temblor, sorpresivamente todas las cadenas de los presos caen y todas las puertas de la cárcel son abiertas. ¡Qué increíble!

Ser capaces de adorar a Jesús más allá de la situación que estemos viviendo tiene un impacto en el mundo espiritual que no podemos imaginar. Adorarlo *a pesar de* es un acto sumamente poderoso, desata libertad donde quiera que estemos. Sin duda esta libertad nos va a alcanzar en primer lugar, pero recordemos que todas las cadenas de los presos se soltaron. Tu adoración incondicional puede traer libertad a quienes te rodean, tal vez personas presas de la enfermedad, de la depresión, de problemas financieros, entre otras cosas.

Que nuestra adoración haga temblar los cimientos de la tierra, a pesar de lo que estemos viviendo, y que podamos experimentar así el amor que nos liberta.

A pesar de todo, alabemos.

PARA PENSAR. ¿ESTÁS DISPUESTO A ALABAR A DIOS AUN EN MEDIO DE LA PRUEBA? ¿CREÉS QUE ADORAR ES MÁS QUE CANTAR Y QUE HAY PODER CUANDO ALABAMOS AL SEÑOR? ¿LO HAS EXPERIMENTADO YA?

DÍA 11
LA VERDAD NOS HACE LIBRES I

... Y CONOCERÁN LA VERDAD, Y LA VERDAD LOS HARÁ LIBRES
–JUAN 8:32

El diccionario nos dice que *conocer* significa tener conocimientos profundos, experiencias directas sobre algo. Jesús nos está diciendo que tener un conocimiento profundo de la verdad, tener una experiencia con ella, nos trae libertad. ¿Qué verdad? Juan 14:6 dice así: *"Jesús le contestó: 'Yo soy el camino, la verdad y la vida; nadie puede ir al Padre si no es por medio de mí'"*.

Tan solo un par de capítulos después nos da la respuesta respecto a cuál es la verdad, o mejor dicho *quién* es la verdad. Jesús es la persona de la verdad, es el conocimiento profundo de Él que nos lleva a experimentar una libertad que nadie más nos puede dar. Jesús nos está llamando a tener una experiencia directa con su persona para que podamos vivir en la libertad que Él vino a darnos al morir y resucitar.

Libertad: "estado o condición de la persona que es libre, que no está en la cárcel ni sometida a la voluntad de otro, ni está constreñida por una obligación, deber, disciplina, etcétera".

Jesús no sufrió en la cruz para ofrecernos una vida de religión, Él pagó el precio para que disfrutemos de una relación viva con Él, conociéndolo cada día más profundamente. Él no pagó para que vivamos sometidos a la voluntad de la ley, pagó para que nuestro corazón sea alineado al suyo por nuestra propia elección. Él está esperando una respuesta de amor, no una respuesta de obligación. No quiere que vivamos constreñidos por el deber ser cristianos aplicados y rectos, quiere enseñarnos a vivir como Él vivió en esta tierra. En un conocimiento profundo y con una experiencia directa de amor con el Padre.

Somos libres para vivir nuestra historia de amor con Jesús.

PARA PENSAR. ¿SERÁ QUE SOMOS CONSCIENTES REALMENTE DE CUÁNTO MÁS TENEMOS POR CONOCER DE JESÚS? ¿BUSCAMOS REALMENTE CONOCERLO CADA DÍA MÁS Y ASÍ VIVIR CADA VEZ MÁS CONFORME A SU VOLUNTAD?

DÍA 12
LA VERDAD NOS HACE LIBRES II

… Y CONOCERÁN LA VERDAD, Y LA VERDAD LOS HARÁ LIBRES
–JUAN 8:32

Ayer hablamos sobre tener una verdadera relación con la persona de Jesús, el Espíritu Santo nos fue dado para que esto sea posible, para que podamos experimentar la presencia de Dios de manera real y tangible en nosotros. El Padre no entregó a su único hijo para traer al mundo una religión que les enseñe a vivir de manera más ordenada y correcta, semejante sacrificio debe tener un propósito mayor y necesitamos descubrirlo.

Jesús derramó su vida en esa cruz para que seamos libres de la ley que nos condenaba, una ley que jamás habríamos logrado cumplir, jamás habríamos alcanzado el favor de Dios por medio de ella. Él está ansioso por romper nuestras estructuras; su corazón anhela llevarnos aún más profundo en su conocimiento, aún más hondo en su inmensurable amor. Somos libres de todo peso sobre nuestras espaldas que nos exige una vida moralmente correcta, pero vacía totalmente del Espíritu Santo.

ASÍ QUE SEGUIMOS ORANDO POR USTEDES, PIDIÉNDOLE A NUESTRO DIOS QUE LOS AYUDE PARA QUE VIVAN UNA VIDA DIGNA DE SU LLAMADO. QUE ÉL LES DÉ EL PODER PARA LLEVAR A CABO TODAS LAS COSAS BUENAS QUE LA FE LOS MUEVE A HACER.
–2 TESALONICENSES 1:11

Poder significa "estar en condiciones de hacer algo sin nada que lo impida", poder es una autoridad dada a alguien para realizar una tarea. Somos libres, estamos en condiciones de llevar a cabo las buenas obras que la fe nos mueve a hacer, sin que nada lo impida. ¿Hay luchas? Sí, pero todo lo podemos hacer por medio de Jesús que nos da la fuerza. Somos libres para ejercer el poder que Dios nos entregó y así vivir una vida de fe y aventuras con Él.

Jesús ya hizo su parte, ahora nos toca a nosotros.

PARA PENSAR. ¿VIVÍS BAJO TUS PROPIOS ESFUERZOS DE VIVIR UNA VIDA MORALMENTE CORRECTA? ¿O TU ACCIONAR ESTÁ BASADO EN TU RELACIÓN DIARIA DE AMOR CON EL ESPÍRITU SANTO? NO ES LO MISMO SER FIELES POR OBLIGACIÓN, QUE SER FIELES POR AMOR.

DÍA 13
LA VERDAD NOS HACE LIBRES III

... Y CONOCERÁN LA VERDAD, Y LA VERDAD LOS HARÁ LIBRES –JUAN 8:32

Ahora sí, sabiendo que somos libres para vivir una vida llena de aventuras con Jesús, estamos listos para salir a la cancha. Recordando el pasaje que leímos ayer en 2 Tesalonicenses, hay dos formas de vivir la vida a la que fuimos llamados: una digna y otra indigna. Este pasaje nos habla de las buenas obras que somos movilizados a realizar por la fe, ¿qué hay detrás de todo esto?

Entendemos que al decirle que sí a Jesús, Él viene a morar en nosotros. Conclusión: ¡la verdad está en nosotros! Y el mundo está inundado de personas que necesitan conocerlo, vos y yo somos las cartas leídas donde el mundo puede encontrarse con ese Jesús tan precioso. Fuimos llamados a ser colaboradores del reino, a ser la imagen visible del Dios invisible. ¿Será que realmente estamos colaborando con el reino? ¿Será que verdaderamente estamos siendo la imagen de Dios? Si la respuesta es sí, por favor, que no deje de ser así. Si la respuesta es "tal vez no tanto", que nuestro corazón sea incomodado por el Espíritu Santo, incomodado a vivir una vida digna de nuestro llamado, es decir, merecedora del Dios que se quiere expresar por medio de nosotros.

PUES DIOS NO NOS HA DADO UN ESPÍRITU DE TEMOR Y TIMIDEZ SINO DE PODER, AMOR Y AUTODISCIPLINA
-2 TIMOTEO 1:7

Estamos equipados con todo lo necesario:

- *Poder* para actuar y vencer, ante cualquier batalla que el enemigo pretenda presentarnos para impedir que vivamos esa vida plena y abundante;
- *Amor* para con nuestro Dios, primeramente, y así obedecer su voz (no por simple obligación, sino por una sincera devoción a Él);
- *Amor* para con nuestro prójimo, y así ser movidos en compasión;
- *Autodisciplina,* para ser determinados en nuestra misión.

¿Vamos?

PARA PENSAR. ¿DÓNDE CREÉS QUE DIOS QUIERE USAR TU VIDA PARA DARSE A CONOCER? ¿SOS INTENCIONAL EN DAR A CONOCERLO O SIMPLEMENTE VES LAS OPORTUNIDADES QUE SURGEN? ¿CÓMO PODRÍAS SER MÁS INTENCIONAL AUN PARA REFLEJAR A CRISTO?

DÍA 14

¡LIBRES PARA ADORAR!

Así comenzó la lucha para que Faraón dejara ir al pueblo de Israel a adorar al desierto. Así como en ese tiempo, hay una batalla librándose en el mundo espiritual para que nosotros podamos adorar a Dios con libertad, sin ningún tipo de impedimentos. Faraón representa tan bien al enemigo, teniendo a la humanidad cautiva y reteniéndola para que adore cualquier otra cosa, menos al Señor. Pero la Palabra dice que Jehová es varón de guerra, nadie le hace frente. Jesús ya venció y nos concede la libertad que tanto ansiamos para ir delante de su presencia y adorar. El velo ya se rasgó, ya nada nos separa de Él, tenemos acceso libre a las maravillas de su persona.

SI NOS ARROJAN AL HORNO ARDIENTE, EL DIOS A QUIEN SERVIMOS ES CAPAZ DE SALVARNOS. ÉL NOS RESCATARÁ DE SU PODER, SU MAJESTAD; PERO, AUNQUE NO LO HICIERA, DESEAMOS DEJAR EN CLARO ANTE USTED QUE JAMÁS SERVIREMOS A SUS DIOSES NI RENDIREMOS CULTO A LA ESTATUA DE ORO QUE USTED HA LEVANTADO.
–DANIEL 3:17-18

Nabucodonosor también fue un buen representante del enemigo, había levantado una estatua en Babilonia y dio la orden de que todos en el reino la adoraran. Sin embargo, Sadrac, Mesac y Abed-nego se negaron y el rey amenazó con arrojarlos al horno ardiente, de hecho, lo hizo. Ellos sabían cuál era su identidad, sabían que adorarían solo al Señor, aunque eso les costara la vida. Ellos sabían que Dios tenía poder para librarlos; *pero, aunque no lo hiciera,* jamás se rendirían ante otros dioses.

Pase lo que pase, a pesar de todo, que nuestra libertad sea expresada en lealtad al único Dios digno de ser adorado.

Solo Él merece toda la gloria, la honra y el honor.

PARA PENSAR. SI LOS TIEMPOS DE PERSECUCIÓN LLEGARAN MIENTRAS ESTAMOS EN LA TIERRA Y PERDIÉRAMOS TODA LIBERTAD PARA ADORAR, ¿ADORARÍAMOS IGUAL AL SEÑOR AUNQUE ESO IMPLICARA RIESGO DE VIDA PARA NOSOTROS Y NUESTRAS FAMILIAS?

DÍA 15
¡RÁPIDO! ¡LEVÁNTATE!

LA NOCHE ANTES DE SER SOMETIDO A JUICIO, PEDRO DORMÍA SUJETADO CON DOS CADENAS ENTRE DOS SOLDADOS. OTROS HACÍAN GUARDIA JUNTO A LA PUERTA DE LA PRISIÓN. DE REPENTE, UNA LUZ INTENSA ILUMINÓ LA CELDA Y UN ÁNGEL DEL SEÑOR SE PUSO FRENTE A PEDRO. EL ÁNGEL LO GOLPEÓ EN EL COSTADO PARA DESPERTARLO Y LE DIJO: "¡RÁPIDO! ¡LEVÁNTATE!". Y LAS CADENAS CAYERON DE SUS MUÑECAS.
−HECHOS 12:6-7

Herodes había descubierto que matar a seguidores de Jesús agradaba a los judíos, así que después de haber matado a Santiago, arrestó a Pedro. Imaginemos la conmoción en las personas que seguían a Jesús junto con ellos, uno de los suyos es asesinado y el otro arrestado, algo tenían que hacer. Se reunieron a orar en la casa de una mujer llamada María y al parecer sus oraciones fueron escuchadas en el cielo. ¡Un ángel llegó para liberar a Pedro!

Puedo suponer que las oraciones de los que se juntaron a interceder estaban cargadas de angustia, dolor, tristeza, pero sobre todo creo que serían oraciones empapadas del amor que tenían por el discípulo. Ya habían perdido a Santiago, sin dudas no querrían perderlo a él también.

Quiero que hoy podamos pensar en aquellos que amamos, aquellos que están presos y que nuestro corazón se entristece por ellos (ya sea por adicciones, enfermedades, depresión, tal vez aun no conocen a Jesús). Conocimos un amor que liberta, un amor tan poderoso que hizo caer todas las cadenas de nuestra vida y sigue disponible y dispuesto para liberar a quienes tanto amamos. Teniendo en mente ese inmensurable amor, levantemos un clamor por ellos sabiendo que Jesús es poderoso para salvar. Que haya paz en tu corazón, que se llene de fe, que cobre ánimo tu alma. Él escucha tus oraciones a favor de los tuyos, Él está listo para hacer las cadenas caer.

¡Tu oración puede provocar libertad!

PARA PENSAR. PENSEMOS EN AQUELLAS PERSONAS QUE NOS LLEVARON A CONOCER A JESÚS, TOMEMOS UN TIEMPO PARA AGRADECERLES Y HONRARLOS POR MOSTRARNOS SU AMOR. SEPAREMOS UN TIEMPO ESPECIAL PARA INTERCEDER POR AQUELLOS QUE NECESITAN CONOCERLO, Y PIDÁMOSLE SABIDURÍA AL SEÑOR PARA SABER CÓMO LLEGAR A SUS CORAZONES.

NOTAS

Podría escribir tanto más sobre Dios, quien es fuente de amor inagotable, inmensurable, eterno y sublime. Hay tantas características más de su amor por hablar, por contar de Él, quizá para un próximo libro.

Mientras tanto, anhelo que sigas conociendo a Jesús de manera cada día más profunda, cercana, palpable y tangible. Que su Espíritu Santo te lleve a ahondar en su río, no solo hasta las rodillas, sino hasta sumergirte en él, hasta que la única opción viable sea dejarte llevar por Él.

Hace muchos años que venimos siendo enseñados sobre buscar el propósito de Dios para nuestra vida. Estoy cada vez más convencida de que el propósito de todo ser humano es conocer a Dios y darlo a conocer. Cómo lo dé a conocer, cómo sirva a Dios después de conocerlo, son detalles secundarios. Escribir este libro no es el propósito de Dios para mi vida como fin último, es parte del cumplimiento de mi propósito en la vida, insisto, es darlo a conocer.

Si estás leyendo esto, es porque leíste cada página de *Inefable*. Y, honestamente, me encantaría saber cuál fue tu experiencia al transitar cada hoja, amaría poder leerte y que me cuentes si pudiste realmente conocer a Jesús un poco más, descubrir un poco más de cuán amado sos por Dios. Te dejo mi contacto para poder conversar y que me cuentes:

- E-mail: j.abigail.munoz@gmail.com

- Instagram: @juliana.a.munoz

Si este libro pudo ser de bendición, te animo a que puedas regalarlo a otra persona que creas que lo esté necesitando. No hace falta comprar uno nuevo, que *Inefable* sea un libro viajero, que viaje de mano en mano, contando un poco del increíble amor de Dios a quien necesite leerlo.

¡Gracias por ser parte!

Con amor,
Juli.

Juliana Abigail Muñoz es, antes que nada, hija y sierva de Dios, y amiga de Jesús. Nació en Bahía Blanca, el 21 de junio de 1991, en la provincia de Buenos Aires, Argentina. Es la menor de tres hermanos, hija de Sonia y Daniel, siendo parte de una familia que le enseñó a amar al Señor desde que nació.

Se formó como *counselor* (consultora psicológica) en 2013, y esta ha sido una de sus herramientas desde entonces para servir tanto dentro como fuera del ámbito cristiano. En 2017, se fue de su país durante un año para servir como misionera en Río de Janeiro, junto con el ministerio de Iris Global. En 2023, retornó a Brasil y actualmente reside allí, trabajando con dicho ministerio para expandir la buena noticia de Jesús.

Hablar del amor de Dios es algo que quema en su corazón. Poder contarle al mundo quién es Él y cuán maravilloso es ser encontrados por su gracia es mucho más que una parte de su vida; es lo que la motiva y la impulsa cada día. Su frase de cabecera es: *"Vivimos para conocer a Jesús y darlo a conocer"*. Sea en Argentina, en Brasil o en algún otro lugar del mundo, su propósito siempre es y será el mismo: compartirle al mundo el amor *inefable* del Señor.